Dr. Thomas Diehn, LL.M. (Harvard)
Christoph Dahlkamp, M.Jur. (Oxon.)

Streitstände KOMPAKT

Band 3

BGB AT
Schuldrecht AT

Diehn, Thomas / Dahlkamp, Christoph:
BGB AT / Schuldrecht AT: Streitstände KOMPAKT / von Thomas Diehn und Christoph Dahlkamp – 3. Auflage – Dänischenhagen: Richter Verlag, 2012
(Streitstände KOMPAKT)
ISBN 978-3-935-150-72-9

Hans-Peter Richter
Paul-Schroeder-Straße 18
24229 Dänischenhagen
Tel. 04349-1725
Fax 04349-571
E-mail: RICHTER-VERLAG@t-online.de
Website: www.Richter-Verlag.de

Druck und Verarbeitung: Druckerei Schmidt & Klaunig, Kiel

3. Auflage 2013

ISBN 978-3-935150-72-9

Vorbemerkungen

Fragen des Allgemeinen Teils des BGB und Schuldrechts sind regelmäßiger Bestandteil vieler Aufsichtsarbeiten der Juristischen Staatsprüfungen. Sie gehören zum **absoluten Kerngebiet** des Zivilrechts und erfordern daher während des Studiums besondere Beachtung.

Beim Studium des Allgemeinen Teils des BGB und Schuldrechts zeigt sich aber ein grundsätzliches Problem des Jurastudiums: Die Gebiete sind als Grundlage des gesamten Zivilrechts immer ein **früher Ausbildungsgegenstand**. Allerdings sind deren abstrakte Regelungen kaum verständlich ohne Kenntnis der besonderen Anwendungsfälle. Dieses **Dilemma** ist kaum auflösbar. Jedenfalls erfordert es, sich auch mit fortschreitendem Studium intensiv mit den Allgemeinen Lehren zu befassen. Das gilt umso mehr, als von Ihnen in diesem Bereich **besondere Genauigkeit** abverlangt wird, „weil der Stoff doch schon Erstsemestern bekannt sei." Dass die Grundlagen wegen ihrer vielfältigen Bezüge zum Besonderen Teil mit zum schwersten Stoff des Jurastudiums gehören, ist zwar allgemein bekannt, wird jedoch selten gesagt.

Im Allgemeinen Teil des BGB und Schuldrechts brauchen Sie einen klaren Blick für Grundprinzipien. Klausuren sind häufig so gestellt, dass am Ergebnis kein ernsthafter Zweifel besteht. Ihre Aufgabe liegt darin, den Weg dorthin in allen **Feinheiten** und nach allen Regeln der Kunst aufzuzeigen. Die Klausur ist dann wie eine Autobahn, an der Sie seitlich des Weges **Blümchen pflanzen** können. Je farbenreicher Sie die Autobahn gestalten, desto besser wird das Ergebnis.

Die **STREITSTÄNDE**-Reihe setzt auf ein anderes Lernprinzip als systematische Lehrbücher: Sie sollen **nicht** Streitstand für Streitstand **auswendig lernen**. Vielmehr soll ihnen die gesamte wissenschaftliche Diskussion in einem Rechtsgebiet nahegebracht werden, sie sollen Freude am Entdecken haben und sich Probleme deshalb merken, weil sie die dargestellten Positionen spannend finden. Scheuen sie sich nicht, hin und wieder am Rande „abwegig!", „genau!" oder „abgefahren!" zu kommentieren. Verbinden sie mit der Lektüre eines Streitstands **Emotionen**! Dann fällt es ihnen auch leichter, im Ernstfall der Staatsexamensklausur ihre Kenntnisse zu aktivieren.

Bei der Bewertung von Examensklausuren führen solide **Grundkenntnisse** nur dazu, dass **kein Punktabzug** erfolgt. Vergeben werden Punkte hingegen überwiegend nur für Diskussion von Problemen und Auslegungsschwierigkeiten. Diese sind hier für den Bereich des Allgemeinen Teils des BGB und Schuldrechts zusammengefasst. Daher ist dieses Skript ein **Positiv-Skript**.

Strukturieren Sie die Streitstände für sich selbst. In der Klausursituation werden Sie nur Argumente verwenden können, die Sie wirklich durchdrungen haben. **Verständnis und Gewichtung der Argumente** sind daher ein erster Schritt. Überlegen Sie sich danach eine sinnvolle **Darstellung des Streitstands**, die Sie persönlich überzeugt. Zeigen Sie z.B. anhand des Gesetzeswortlauts die denkbaren Ansätze auf, streifen Sie systematische Bezüge und untermauern Sie Ihr Ergebnis teleologisch. Die jedem Streitstand beigefügten **Stichworte** helfen Ihnen, die tragenden Argumente in der Klausursituation abzurufen.

Die **STREITSTÄNDE** sind ein Bestandteil eines neuartigen **Konzepts der Examensvorbereitung**. Dieses besteht aus 3 Modulen: Das erste sind Grundkenntnisse (**JURISTISCHE GRUNDKURSE**). Das zweite besteht aus Fällen (**KLAUSURENTRAINING**) und das dritte aus Streitständen **(STREITSTÄNDE KOMPAKT**). Hier wird Ihnen erspart, nochmals längst bekannte Grundlagen zu lesen. Vielmehr finden Sie in komprimierter Form einen examenstypischen Auszug aus den Problemen des Allgemeinen Teils des BGB und Schuldrechts.

Besuchen Sie bitte die Streitstände-Homepage:

www.juristische-streitstaende.de

Dort finden Sie weitere

Streitstände zum kostenlosen download.

Über Anregungen freuen wir uns unter:

bgb@juristische-streitstaende.de

Berlin und Oxford, im Oktober 2012

Notar a.D. Dr. Thomas Diehn, LL.M. (HARVARD)
Assessor Christoph Dahlkamp, M.Jur. (OXON.)

Inhalt

1 Willenserklärungen ohne Erklärungsbewusstsein

P Einf v § 116 Rn 17

Willenserklärungen haben einen äußeren (objektiven) und einen inneren (subjektiven) Tatbestand. Der äußere Tatbestand wird durch das Verhalten des Erklärenden bestimmt und muss durch Auslegung ermittelt werden. Zum subjektiven Tatbestand gehört anerkanntermaßen der **Handlungswille**. Fehlt er (Beispiel: ***Reflexhandlung***), liegt überhaupt keine zurechenbare Willenserklärung vor. Der **Geschäftswille** betrifft die konkret gewollte Rechtsfolge. Fehler in diesem Bereich hindern die Wirksamkeit einer Willenserklärung nicht, jedoch besteht die Möglichkeit der Anfechtung nach § 119 I BGB. Das **Erklärungsbewusstsein** hingegen ist das Bewusstsein, überhaupt eine auf die Herbeiführung von Rechtsfolgen gerichtete Erklärung abgegeben zu haben. Umstritten ist,

Streitstand ⇨ **ob dieses Element des subjektiven Tatbestandes einer Willenserklärung konstitutiv ist.**

a) Bewusstseinstheorie

Teilweise wird vertreten, dass bei fehlendem Erklärungsbewusstsein der **Tatbestand** der Willenserklärung insgesamt **fehle**. (Stichwort: ***Inexistenz***) Einer Anfechtung bedürfe es nicht, die Erklärung sei nichtig. Es komme lediglich eine Vertrauenshaftung analog §§ 118, 122 BGB in Betracht.

Argumente:

- **Selbstbestimmungsrecht** und **Privatautonomie** erfordern die rechtliche Irrelevanz der Erklärung. Es macht einen Unterschied, ob jemand gar nicht weiß, dass er rechtsgeschäftlich tätig wird, oder zwar rechtsgeschäftlich, aber anders tätig sein will. Denn nur wer wenigstens erkennt, rechtsgeschäftlich tätig zu sein, hat auch Anlass zu Vorsicht. (Stichwort: ***Differenzierung Erklärungsbewusstsein / Geschäftswille***)
- Nach § 118 BGB ist eine Erklärung sogar schon nichtig, wenn der Erklärende **weiß**, dass er den äußeren Tatbestand einer Willenserklärung setzt. Dies muss erst recht gelten, wenn er es nicht weiß. (Stichwort: ***a fortiori 118***)
- Dem Verkehrsschutz wird wie im Fall des § 118 BGB durch Anwendung von § 122 BGB ausreichend Rechnung getragen. (Stichwort: ***Verkehrsschutz durch 122***)

b) Differenzierende Zurechenbarkeitstheorie

Rechtsprechung und überwiegendes Schrifttum halten eine Erklärung ohne Erklärungsbewusstsein **für wirksam, aber anfechtbar**, wenn sie dem Erklärenden zugerechnet werden kann. Eine **Zurechnung** zum Erklärenden sei möglich, **wenn** er bei Anwendung der erforderlichen Sorgfalt hätte erkennen können, dass seinem Verhalten rechtsgeschäftliche Bedeutung beigemessen werde. (Stichwort: ***potentielles Erklärungsbewusstsein***)

Argumente:

- Die Folgenverantwortung ist notwendiges Korrelat der Privatautonomie. Zum **Schutz des Erklärungsempfängers** muss der Erklärende das Erklärungsrisiko tragen. Voraussetzung ist, dass er die Folgen seines Verhaltens zumindest hätte erkennen können. (Stichwort: ***gerechte Risikoverteilung***)
- Der Gesichtspunkt der Selbstbestimmung **gebietet keine Nichtigkeit** von Erklärungen ohne Erklärungsbewusstsein. Vielmehr trifft den Erklärenden auch eine **Selbstverantwortung**.
- Zwar regelt § 118 BGB dogmatisch einen Fall der Erklärung ohne Erklärungsbewusstsein. Jedoch handelt es sich dabei um eine Ausnahmevorschrift, die **nicht zum allgemeinen Prinzip** erhoben werden darf. (Stichwort: ***118 = Ausnahmevorschrift***)

c) Erklärungstheorie

Selten wird vertreten, dass der Erklärende sich den objektiven Erklärungssinn seines Verhaltens **immer zurechnen** lassen müsse.

Argument:

- Erklärungen wird nach §§ 133, 157 BGB derjenige Inhalt und Sinn beigegeben, der ihnen nach der **Verkehrsauffassung** zukommt.

Hinweise

- Merken Sie sich hierzu den Fall der **Trierer Weinversteigerung**.
- Die **Anfechtung bei potentiellem Erklärungsbewusstsein** ist vom Wortlaut des § 119 I, Fall 2 BGB erfasst: Irrtum über die Bedeutung der Handlung. Jedoch soll dieser nach überwiegender Auffassung beim „Fundamentalirrtum", bei dem der Erklärende noch nicht einmal erkennt, dass sein Verhalten rechtsgeschäftlich gedeutet werden kann, nicht unmittelbar anwendbar sein. Daher: Analogie.
- Nach der Rechtsprechung soll das Erklärungsbewusstsein aber dann erforderlich sein, wenn die Erklärung **zu Lasten des <u>Empfängers</u>** geht. Dafür spreche, dass in diesen Fällen der Erklärende seine Erklärung nach Aufdeckung des Willensmangels gelten lassen wolle. Dagegen wird vorgetragen, dass es keinen Unterschied mache, ob die Erklärung Vor- oder Nachteile bringe. (näher: *Habersack*, JuS 1996, 585)

2 Abgabefahrlässigkeit bei „abhanden gekommenen“ Willenserklärungen

P
§ 130
Rn 4

Erst mit der Abgabe der Erklärung (erwähnt in § 130 II BGB) liegt eine fertige Willenserklärung vor. (***Achtung***: Zugang hingegen, § 130 I 1 BGB, ist [nur] *Wirksamkeits*erfordernis) Abgegeben ist eine Willenserklärung, wenn sie vom Erklärenden **mit seinem Willen** verlautbart worden ist. Wird eine (schriftliche) Erklärung ohne Weisung des Erklärenden auf den Weg zum Adressaten gebracht, **fehlt mangels Abgabe der Tatbestand** einer Willenserklärung. Umstritten ist,

Streitstand ⇨ **wie dann der Empfänger, der auf den Bestand der Scheinerklärung vertraute, zu schützen ist.**

Beispiel: *Sekretärin bringt Entwurf eines Schreibens ohne Weisung zur Post.*

a) Theorie der Abgabefahrlässigkeit

Teilweise wird vertreten, Scheinerklärungen könnten dem Erklärenden **zugerechnet** werden, wenn er den **Anschein einer Willenserklärung** in zurechenbarer Weise herbeigeführt hat. (Stichwort: ***Abgabefiktion***) Die Erklärung sei dann nur wegen Irrtums anfechtbar.

Argument:

- Abgabefahrlässigkeit ist **wie fehlendes Erklärungsbewusstsein** zu behandeln, da der Vertragspartner mit der Willenserklärung vergleichbar konfrontiert wird. (Stichwort: ***Erklärungsbewusstsein vergleichbar***)

b) Theorie der Nichtzurechnung

(Noch) überwiegend wird eine Zurechnung der Scheinerklärung **generell abgelehnt**. Einer Anfechtung bedürfe es nicht.

Argumente:

- Fehlende Abgabe lässt sicht nicht fehlendem Erklärungsbewusstsein gleichstellen, da **kein <u>willentliches</u> Handeln des Absenders** gegenüber der Außenwelt vorliegt. (Stichwort: ***kein Handlungswille***)
- Nach § 172 I BGB muss sich der Aussteller einer Urkunde diese nur zurechnen lassen, wenn er sie einem anderen **ausgehändigt** hat. (Stichwort: ***172 I: aushändigen***) Daraus ergibt sich die allgemeine Wertung des Gesetzes, dass eine **ohne den Willen des Erklärenden** in den Verkehrs gelangte Erklärung nicht zuzurechnen ist. (s. aber u. *Hinweise*)

Hinweise

- Die abhanden gekommene Willenserklärung wird Ihnen in Klausuren kaum noch in der Sekretärinnen-Variante begegnen (– dennoch sollten sie diesen Fall als Grundmodell gut kennen!). Vielmehr werden Sie es etwa mit einem **versehentlichen Maus-Klick** zu tun haben, der den Sendebefehl einer elektronischen Willenserklärung auslöst. Auch hier: keine willentliche Abgabe.
- Innerhalb der überwiegenden Auffassung ist eine **Haftung des „Erklärenden"** auf das negative Interesse grundsätzlich anerkannt. Umstritten ist hingegen, ob die Haftung **Verschulden voraussetzt**.
  - Überwiegend wird **§ 122 BGB analog** angewendet und damit auf das Verschuldenserfordernis verzichtet. Es gelte der Rechtsgedanke, dass jeder für Mängel aus seiner **eigenen Sphäre** einstehen müsse. Das habe auch der Gesetzgeber im Zusammenhang mit versehentlich abgegebenen elektronischen Willenserklärungen so zum Ausdruck gebracht.
  - Teilweise wird eine Haftung aus **§§ 280 I, 311 II, 241 II BGB** abgeleitet. Dafür wird vorgetragen, dass § 122 BGB eine **existente** Willenserklärung voraussetze, an der es gerade fehle. Die Verantwortung könne deshalb nur bei Verschulden des vermeintlichen Absenders zugerechnet werden.
- **In der Praxis** lösen die §§ 416, 420 ZPO die Fälle fehlenden Abgabewillens: **Privaturkunden**, die vom Aussteller unterschrieben sind, begründen nach Auffassung der Rechtsprechung den Beweis dafür, dass er die Erklärung auch willentlich in Verkehr gebracht habe. Deshalb müsse der Erklärende den Gegenbeweis antreten, dass die Erklärung ohne seinen Willen in den Verkehr gelangt sei. Das wird nur selten gelingen.

Fundstelle

Klein-Blenkers, Jura 1993, 640 (641 ff.)

3 Zugang empfangsbedürftiger Willenserklärungen

P
§ 130
Rn 5

Empfangsbedürftige Willenserklärungen müssen zugehen, um wirksam zu werden, § 130 I 1 BGB. Der Zugang einer Willenserklärung setzt **jedenfalls** voraus, dass sie derart in den **Machtbereich des Empfängers** gelangt ist, dass dieser die Möglichkeit hatte, von ihr Kenntnis zu nehmen. Es ist umstritten,

Streitstand ⇨ **ob Zugang erst dann eintritt, wenn nach den gewöhnlichen Verhältnissen mit Kenntnisnahme durch den Empfänger zu rechnen ist.**

a) Abstrakte Zugangstheorie

Teilweise wird vertreten, zugegangen sei eine Willenserklärung **bereits, sobald sie in den Machtbereich des Empfängers gelangt sei**. Wann der Adressat nach dem gewöhnlichen Lauf der Dinge hätte Kenntnis nehmen müssen, sei **nur für die Frage der Rechtzeitigkeit** der Willenserklärung erheblich.

Argumente:

- Vom Zugang der Erklärung hängen **Wirksamkeit** und das **Ende ihrer Widerruflichkeit** (§ 130 I 2 BGB) ab. Dieser Zeitpunkt muss einfach zu bestimmen sein. Deshalb kommt es für die Frage des Zugangs nicht auf einen „gewöhnlichen Lauf der Dinge“ an, sondern auf denjenigen Zeitpunkt, in dem die Erklärung tatsächlich in den Machtbereich des Empfängers gelangt ist. (Stichwort: ***Einfachheit und Rechtssicherheit***)
- Bei der **Fristberechnung** hingegen kann auf die konkrete Kenntnisnahmemöglichkeit abgestellt werden, denn die damit verbundene Unschärfe ist unschädlich, weil **Zeiträume im BGB regelmäßig nicht nach Stunden** berechnet werden.

b) Konkrete Zugangstheorie

Nach überwiegender Auffassung ist eine Willenserklärung erst dann zugegangen und wirksam, wenn der Adressat **nach dem gewöhnlichen Lauf der Dinge von ihr hätte Kenntnis nehmen müssen**.

Argumente:

- Die Voraussetzungen des Zugangs müssen für **alle Rechtsfolgen einheitlich** bestimmt werden. (Stichwort: ***Einheitlichkeit***)
- Vor dem Zeitpunkt, zu dem nach den Gepflogenheiten des Rechtsverkehrs Kenntnisnahme erwartet wird, besteht **<u>kein</u>** Vertrauensschutz. Deshalb muss

der Empfänger in diesem Zeitraum auch noch mit einem Widerruf des Absenders rechnen. (Stichwort: ***Empfänger vorher nicht schutzbedürftig***)

Hinweise

- Nach der Mindermeinung ist ein **Widerruf** der Erklärung bereits in dem Moment ausgeschlossen, in dem sie in den Machtbereich des Empfängers gelangt. Die überwiegende Auffassung entscheidet anders bis zum Zeitpunkt der gewöhnlichen Kenntnisnahme.
- Die überwiegende Auffassung muss sich mit dem Problem des **Zugangs nach Kenntnisnahme** auseinandersetzen: Wenn der Adressat die Erklärung **tatsächlich** schon **früher zur Kenntnis nimmt**, als nach dem gewöhnlichen Ablauf zu erwarten war, ist der Zeitpunkt des Wirksamwerdens der Erklärung umstritten:
    - Teilweise wird auch in diesem Fall am späten (**normativen**) Zugangszeitpunkt festgehalten. Der einheitlich anzuwendende Zugangsbegriff stelle gerade nicht auf die tatsächliche Kenntnisnahme ab.
    - Nach überwiegender Auffassung soll es dem Empfänger versagt sein, sich darauf zu berufen, dass der Zugang erst später erfolgt ist. Mit **Kenntnisnahme** sei die Erklärung bereits notwendig auch **zugegangen**. Raum für einen normativen Zugangsbegriff sei in diesem Fall nicht mehr vorhanden. Der Absender habe mit Kenntnisverschaffung die Grundlage für schutzwürdige Positionen des Adressaten geschaffen; diese dürfe er nicht mehr durch einseitigen Widerruf wirksam zerstören können.
- Der oben dargestellte Streitstand findet sich auch bei Mitteln moderner Kommunikation, etwa dem Zugang von Willenserklärungen, die **über E-Mail** verschickt werden:
    - Nach teilweise vertretener Auffassung sind die Erklärungen bereits wirksam, sobald sie im **Briefkasten** des Empfängers beim Provider eingehen.
    - Überwiegend wird darauf abgestellt, wann **mit Kenntnisnahme zu rechnen** ist. Von dieser Vorstellung gehe auch der Gesetzgeber in § 312e I 2 BGB aus.
- **Nicht empfangsbedürftige Willenserklärungen** werden gleichzeitig mit ihrer Abgabe wirksam. Dazu gehören etwa die Auslobung (§ 657 BGB), die Bestätigung (§ 144 BGB), die Eigentumsaufgabe (§ 959 BGB), die Annahme der Erbschaft (§ 1943 BGB) und das Testament (§ 1947 BGB).

Fundstelle

Flume, Allg. Teil des Bürgerlichen Rechts, Zweiter Band (1979), § 14, 3 b

4 Zugang von Willenserklärungen unter Anwesenden

P
§ 130
Rn 13 ff.

Schriftliche Erklärungen gehen unter Anwesenden zu, wenn das Schriftstück übergeben wurde. Bei **mündlichen Erklärungen** fallen Abgabe und Zugang regelmäßig zusammen. Dennoch sind beide Vorgänge zu trennen. Umstritten ist,

Streitstand ⇨ **wann genau die mündliche Erklärung zugeht und damit wirksam wird.**

a) Vernehmungstheorie

Teilweise wird Zugang erst angenommen, wenn der Empfänger die Erklärung **akustisch** (nicht: inhaltlich) **richtig verstanden** hat.

Argument:

- Der **Erklärende trägt das Vernehmungsrisiko** deshalb,
  - weil er sich durch Nachfrage vergewissern kann, ob der Adressat die Erklärung richtig verstanden hat. (Stichwort: ***Nachfragemöglichkeit***)
  - weil der **Empfänger** mangels Schriftstücks **nicht nachlesen** kann.

b) Modifizierte Vernehmungstheorie

Überwiegend ist man der Auffassung, dass Zugang bereits dann vorliege, wenn der Erklärende nach den ihm erkennbaren Umständen **annehmen konnte, der Empfänger habe ihn richtig verstanden**.

Argumente:

- Die Vernehmungstheorie ist **nicht interessengerecht**, wenn der Adressat die Erklärung aus Gründen nicht richtig vernommen hat, die dem Erklärenden **nicht erkennbar** waren (Beispiel: ***Schwerhörigkeit***).
- Im Interesse der **Verkehrssicherheit** hat der Adressat **Mitverantwortung** für den Verständigungsvorgang. Ihm ist daher **zuzumuten**, bei Verständigungsproblemen auf diese hinzuweisen. (Stichwort: ***Risikoverteilung***)

Hinweis

Nach überwiegender Auffassung sind auch **telefonische Erklärungen** unter Anwesenden abgegeben. Das wird aus § 147 I 2 BGB abgeleitet. Nachrichten auf dem Anrufbeantworter sind aber solche gegenüber Abwesenden.

Fundstelle: MünchKomm/*Einsele* (2012), § 130 Rn. 28

5 Zugang des Übergabeeinschreibens durch Hinterlassen einer Benachrichtigung

P
§ 130
Rn 7

Trifft der Postbote den Empfänger eines Übergabe-Einschreibens nicht an, hinterlässt er in dessen Briefkasten einen Benachrichtigungsschein. Umstritten ist,

Streitstand ⇨ **ob und wann in diesem Fall die im Einschreiben verkörperte Erklärung zugegangen ist.**

a) Theorie des Nichtzugangs

Insbesondere die Rechtsprechung ist der Auffassung, dass ein Übergabeeinschreiben erst zugegangen sei, wenn es dem Empfänger **tatsächlich ausgehändigt** worden ist. Das Hinterlassen eines **Benachrichtigungszettels habe keinen Einfluss** auf den Zugang der Erklärung selbst.

Argumente:

- Solange die Erklärung **selbst nicht in den Machtbereich** des Empfängers gelangt ist, ist sie auch nicht zugegangen. (Stichwort: ***Bezugspunkt = Erklärung***)
- Der Benachrichtigungszettel enthält **keinen Hinweis auf Absender oder Inhalt** der Erklärung. Deshalb **verbietet es sich, mit Zugangsfiktionen zu arbeiten**. (Stichwort: ***keine Fiktion***)
- Eine allgemeine **Obliegenheit**, niedergelegte Schriftstücke abzuholen, **besteht auch nicht**. (Stichwort: ***keine Abholobliegenheit***)

b) Theorie vom Zugang am nächsten Werktag

Teilweise wird für richtig gehalten, dass das Einschreiben **am auf den Einwurf des Benachrichtigungsscheins folgenden Tag** zugehe oder jedenfalls als zugegangen gelte.

Argumente:

- Mit Blick auf die **Risikoverteilung** hat der Absender alles getan, damit die Erklärung in den Machtbereich des Empfängers gelangt. (Stichwort: ***angemessene Risikoverteilung***)
- Nach den Gepflogenheiten des Verkehrs ist **vom Empfänger zu erwarten**, dass er sein Übergabeeinschreiben am auf den Einwurf des Benachrichtigungsscheins **folgenden Tag abholt**. In diesem Zeitpunkt wird die Erklärung wirksam.

Hinweise

- Ein Sonderfall liegt vor, wenn der Empfänger etwa wegen vorausgegangener Verhandlungen **mit dem Zugang einer Erklärung rechnen musste**. Holt er das Einschreiben dann nicht ab, handelt es sich um eine **Zugangsvereitelung**, die eigenen Regeln folgt. Dazu s.u. **STREITSTAND** 6.
- Übergabeeinschreiben sind bei drohendem Fristablauf riskant, da nach der ständigen Rechtsprechung Zugangsverzögerungen möglich sind. **Das Einwurf-Einschreiben** geht hingegen **wie ein normaler Brief** zu; es werden lediglich Posteinlieferung und Einwurf beim Empfänger dokumentiert.
- Umstritten ist auch, wie die Zugangsfrage zu beurteilen ist, wenn dem Absender der Erklärung die Abwesenheit des Empfängers bekannt ist (***Relevanz:*** *In der Praxis relevant geworden ist der Fall der Kündigung eines Arbeitnehmers, dessen Urlaubsabwesenheit der Arbeitgeber kennt).*
  - Teilweise (und früher auch vom Bundesarbeitsgericht) wird vertreten, dass in diesem Fall Zugang **erst mit Ende der Abwesenheit** des Empfängers eintrete. (Stichwort: ***aufgeschobener Zugang***). Denn wenn dem Absender die Abwesenheit des Empfängers bekannt ist, kann er sich nach **Treu und Glauben** nicht auf rechtzeitigen Zugang berufen.
  - Überwiegend wird vertreten, dass die Kenntnis der Abwesenheit des Empfängers den **Zugang der Erklärung nicht hindere**. Es sei Sache des Empfängers, seinen Machtbereich so zu organisieren, dass er bei Abwesenheit Kenntnis von Erklärungen erlangen kann, die in seine Sphäre gelangen. (Stichwort: ***Risikosphäre des Empfängers***) Nach dem normativen Zugangsbegriff bestimmt sich die Möglichkeit der Kenntnisnahme durch den Empfänger nach ***generellen Kriterien*** und nicht nach den Besonderheiten des Einzelfalls. (Stichwort: ***einheitlicher Zugangsbegriff***)
  - Teilweise wird weiter danach differenziert, ob der Absender die Erklärung auch hätte an den **derzeitigen Aufenthaltsort** des Empfängers senden können. Falls ja, sei nur eine entsprechend adressierte Erklärung wirksam, ansonsten der Zugang jedoch aufgeschoben. Auch dagegen wird eingewandt, dass Nachsendungen an den derzeitigen Aufenthaltsort in die Risikosphäre des Empfängers fielen und von diesem zu besorgen seien.

Fundstelle

Nippe, JuS 1991, 285

6 Zugang bei Zugangsvereitelung

P
§ 130
Rn 16 ff.

Der Gesetzgeber hat die Risikoverteilung bei der Übermittlung von Willenserklärungen in § 130 I 1 BGB der **Zugangstheorie** entsprechend entschieden. Danach trägt der Absender das Transportrisiko, bis die Willenserklärung in den Machtbereich des Empfängers gelangt ist. **Zugangsvereitelung liegt vor, wenn der Empfänger verhindert, dass eine verkörperte Erklärung in seinen Machtbereich gelangt.** Grundsätzlich fehlt es dann an einer wirksamen Willenserklärung mangels Zugangs. Der Absender kann seine Erklärung nach **§ 132 BGB** zwar stets durch Vermittlung eines Gerichtsvollziehers zustellen lassen. Jedoch wird ihm das nicht in allen Fällen zugemutet: Dabei ist näher zu **differenzieren nach der Ursache des Hindernisses beim Empfänger**:

- Weitgehend anerkannt ist, dass bei **grundloser und arglistiger Zugangsvereitelung** der Zugang der Willenserklärung **fingiert** wird. Das kann man mit dem Rechtsgedanken aus **§ 162 I BGB** begründen.
- Liegt hingegen eine „**unverschuldete**" Zugangsvereitelung vor, etwa weil der Empfänger keinen Briefkasten hat und auch nicht mit an ihn gerichteter Post zu rechnen war, ist der Zugangsversuch gescheitert. Eine Modifikation der allgemeinen Risikoverteilung ist in diesem Fall **nicht** angezeigt.
- Umstritten ist die Rechtslage

Streitstand ⇨ **bei „schuldhafter" Zugangsvereitelung, etwa bei Verletzung der Obliegenheit, Vorkehrungen für die Zugangsmöglichkeit von Willenserklärungen zu treffen.**

Beispiel: *A bringt an seiner neuen Wohnung weder Briefkasten noch Namensschild an, obwohl er mit rechtsgeschäftlichen Erklärungen per Post rechnen muss.*

a) Theorie der Zugangsfiktion

Früher wurde überwiegend vertreten, dass der Zugang einer Willenserklärung **fingiert** werde, wenn der Empfänger deren Zugang schuldhaft verhindere.

Argument:

- Die Berufung auf fehlenden Zugang **verstößt gegen Treu und Glauben** und ist dem Empfänger daher gemäß § 242 BGB versagt. (Stichwort: ***242***)

b) Theorie vom erneuten Zustellungsversuch

Nach überwiegender Auffassung wird der Zugang bei Zugangsvereitelung **nicht einfach fingert**. Vielmehr sei für einen Zugang ein **erneuter Zustellungsversuch** erforderlich. Führe dieser zu keinem Erfolg, müsse sich der Empfänger so behandeln lassen, als wäre die Erklärung rechtzeitig zugegangen. Im Erfolgsfall sei es ihm verwehrt, sich auf die Verspätung zu berufen. (Stichwort: ***Rechtzeitigkeitsfiktion***)

Argument:

- Gegen eine Zugangsfiktion spricht, dass dann auch der **Erklärende** an eine dem Empfänger tatsächlich nicht zugegangene Erklärung **gebunden** wäre. (Stichwort: ***Bindungsproblem auf Absenderseite***)

  Es muss aber seiner Entscheidung überlassen bleiben, ob er den Zugangsversuch wiederholt und damit möglicherweise die Bindung **an eine dem Empfänger unbekannte Erklärung** herbeiführt. (Stichwort: ***neue Entscheidung wegen Sondersituation***)

Hinweise

- Lehnt der Empfänger einen **ordnungsgemäß frankierten und adressierten Brief** ab, ist dieser nach überwiegender Auffassung bereits nach allgemeinen Regeln zugegangen. Denn Erklärungen gelangen in den Machtbereich des Empfängers unabhängig von der besitzrechtlichen Vorschrift § 854 BGB: Zugang setze nicht voraus, dass der Brief ergriffen werde.
- Eine Zugangsvereitelung durch **eigenmächtige Annahmeverweigerung des Empfangsboten** kann nach überwiegender Auffassung dem Empfänger hingegen nicht zugerechnet werden. Das BAG weist in diesem Fall zur Begründung darauf hin, dass *ex post* gar kein tauglicher Empfangsbote vorgelegen habe. (s. aber *Sandmann* AcP 199 (1999), 455 (466 ff.)
- Beachten Sie bitte auch **Spezialvorschriften** in diesem Bereich, deren Lektüre der jeweilige Klausurzusammenhang nahe legt. So enthält **§ 13 VVG** (Schönfelder Nr. 62) eine Sonderregelung für die Zugangsvereitelung infolge Umzugs bei Versicherungsverträgen.

Fundstelle

MünchKomm/*Einsele* (2012), § 130 Rn. 34 ff.

7 Auslegung formbedürftiger Willenserklärungen

P
§ 133
Rn 19

Auslegung nach §§ 133, 157 BGB verbindet Willensautonomie und Verkehrsinteressen. So ist anerkannt, dass der wahre Wille des Erklärenden unabhängig vom objektiven Erklärungswert vorgeht, wenn der Empfänger diesen erkannt hat. (Stichwort: ***falsa demonstratio non nocet***) Umstritten ist,

Streitstand ⇨ **ob der Vorrang des erkannten wirklichen Willens auch bei formbedürftigen Erklärungen gilt.**

Beispiel: *Grundstückskaufvertrag (§ 311b I BGB) mit falscher Flurstücknummer, während die Parteien übereinstimmend vom richtigen Grundstück ausgehen.*

a) Andeutungstheorie

Teilweise wird vertreten, dass die Bedeutung der Erklärung in der Urkunde **wenigstens angedeutet sein** müsse. Der Grundsatz *falsa demonstratio non nocet* gelte nicht uneingeschränkt.

Argument:

- Das Formerfordernis würde leer laufen, würde auf jede formgerechte Fixierung des übereinstimmend Gewollten verzichtet. (Stichwort: ***Leerlaufen des Formerfordernisses***)

b) Willenstheorie

Teilweise wird am Grundsatz *falsa demonstratio non nocet* auch bei formbedürftigen empfangsbedürftigen Erklärungen **generell festgehalten**.

Argumente:

- Im Interesse der Privatautonomie ist der erkannte wirkliche Wille immer vorrangig zu behandeln. (Stichwort: ***keine Dominanz der Form über Parteiwillen***).
- Das gilt umso mehr, weil es **keine objektiven Kriterien** für die Feststellung gibt, ob und wann ein übereinstimmender Wille formgerecht angedeutet ist.

c) Differenzierende Theorie

Ganz überwiegend ist man heute der Auffassung, dass **nach dem Zweck der Formvorschrift zu differenzieren** sei. Danach ergeben sich folgende

Details:

- Besteht die Formvorschrift **im Interesse Dritter**, muss der wesentliche Vertragsinhalt aus der Urkunde selbst erkennbar werden. (*Dieser Gedanke* *findet sich vielfach, **zum Beispiel so**: § 311b I 1 BGB diene nicht dem Schutz von Drittinteressen, da das Verpflichtungsgeschäft keine Auswirkungen auf Dritte habe. Deshalb sei allein der Wille der Vertragspartner maßgeblich.*)

- Geht es um den **Schutz der Parteien**, gilt:
  - Falls sie **abstrakt** vor Gefahren eines solchen Geschäfts bewahrt werden sollen (so etwa § 311b I 1 BGB), ist eine Andeutung entbehrlich. Dann führt der Formzwang als solcher bereits zu ausreichender Warnung.
  - Falls sie **konkret** vor Gefahren des bestimmten speziellen Geschäfts bewahrt werden sollen (so etwa § 766 BGB), ist eine Andeutung des Willens**inhalts** erforderlich.
- Dient die Formvorschrift der **Beweissicherung**, gilt: Der erkannte wirkliche Wille hat Vorrang vor dem Beweisinteresse an Nichtgewolltem. Die Beweisfunktion von Urkunden wir durch jede unklare oder mehrdeutige Erklärung beeinträchtigt. Der wirkliche Willensinhalt kann auch erkannt und bewiesen werden, wenn er nicht in der Urkunde angedeutet ist. (***Wichtige Ausnahme: Testamente** [nichtempfangsbedürftige Willenserklärungen]: Hier gilt nach überwiegender Auffassung die Andeutungstheorie, weil Beweisschwierigkeiten nach dem Tod des Erblassers vermieden werden sollen.*)

Hinweis

Hinzuweisen ist noch auf eine weitere Ausnahme vom Grundsatz der Auslegung am objektivierten Empfängerhorizont. Diese gilt bei sogenannten **vorformulierten Erklärungen**. ***Beispiel:** V schickt K eine Preisliste mit veralteten Angaben. K bestellt daraufhin bei V Waren.* Vor dem Empfängerhorizont des V ergibt sich ein Antrag zum Kauf von Waren zu aktuellen Preisen. Jedoch gilt hier folgende Überlegung: In der Preisliste liegt eine Vorformulierung des Antrags. Wer im Rahmen der Auslegung maßgebliche Umstände setzt, muss sich die daraus erwachsenden Risiken zurechnen lassen. Dieser Rechtsgedanke findet sich auch in § 305c II BGB. Danach muss sich V die alten Preise zurechnen lassen. (s. Larenz/Wolf, Allgemeiner Teil des Bürgerlichen Rechts [2004], § 28 Rn. 28)

Fundstelle

MünchKomm/*Busche* (2012), § 133 Rn. 29 ff.

8 Rechtsfolgen unechter (uneigentlicher) Bedingungen

P Einf v § 158 Rn 3

Eine unechte Bedingung ist die Vereinbarung der Parteien, dass eine **Verfügung nur** gelten soll, **falls auch das Verpflichtungsgeschäft** wirksam ist. Umstritten sind

Streitstand ⇨ **die Rechtsfolgen solcher Vereinbarungen.**

a) Unwirksamkeitstheorie

Vereinzelt wird unechten Bedingungen **keine Rechtsfolge** beigemessen.

Argumente:

- Die Verknüpfung von kausalem und abstraktem Geschäft widerspricht dem Abstraktionsprinzip. (Stichwort: ***Verstoß gegen Abstraktionsprinzip***)
- Die Wirksamkeit eines bereits abgeschlossenen Rechtsgeschäfts ist außerdem **kein zukünftiges ungewisses Ereignis**, sondern gegenwärtig und objektiv gewiss, wenngleich möglicherweise den Parteien unbekannt. Damit liegt keine Bedingung i.S.v. § 158 BGB vor. (Stichwort: ***kein 158 I***)

b) Theorie der Privatautonomie

Überwiegend wird ein Bedingungszusammenhang zwischen kausalem und abstraktem Geschäft **für zulässig** gehalten.

Argumente:

- § 158 BGB kann bei uneigentlichen Bedingungen **jedenfalls analog** angewendet werden, weil die **subjektive Ungewissheit der Parteien** dem zukünftig ungewissen Ereignis gleichsteht. (Stichwort: ***158 analog***)
- Wenn die Parteien eine Verknüpfung von Grund- und Verfügungsgeschäft vereinbaren, hat diese Vereinbarung aus Gründen der Privatautonomie Vorrang vor dem Regelfall der Abstraktion. (Stichwort: ***Privatautonomie***)
- Dem Interesse des **Verkehrsschutzes** wird dadurch hinreichend Rechnung getragen, dass uneigentliche Bedingungen **nicht konkludent** angenommen werden können, sondern **notwendig ausdrücklicher Vereinbarung** bedürfen. (Stichwort: ***Verkehrsschutz durch Explizität***)
-

Hinweise

- Teilweise wird das Erfordernis eines **ausdrücklich vereinbarten** „Bedingungszusammenhangs" auch abgelehnt. Wenn das Abstraktionsprinzip zur Disposition der Parteien stehe, könne es keinen Unterschied machen, ob sie von ihrer Befugnis ausdrücklich oder konkludent Gebrauch machen. (Stichwort: ***Privatautonomie vor Verkehrsschutz***)
- Umstritten ist auch, ob Verpflichtungs- und Verfügungsgeschäft als **einheitliches Rechtsgeschäft i.S.v. § 139 BGB** miteinander verbunden sein können. Nach § 139 BGB soll die Unwirksamkeit eines Vertragsteiles im Zweifel auch die Unwirksamkeit des restlichen Rechtsgeschäfts nach sich ziehen. Die Vorschrift setzt voraus, dass ein **einheitliches Rechtsgeschäft** vorliegt. Weil § 139 BGB Ausfluss der Privatautonomie ist, kommt es dabei vor allem auf den **Willen der Parteien** an. (Stichwort: ***Einheitlichkeitswille***)
  - Die Rechtsprechung hält die Zusammenfassung von Verpflichtungs- und Verfügungsgeschäft zu einem einheitlichen Geschäft nach § 139 BGB grundsätzlich für **möglich**. Auch bei der Geschäftseinheit von Grund- und Erfüllungsgeschäft komme es auf den **Einheitlichkeitswillen** der Parteien an. Er sei den Umständen des Falles zu entnehmen.
  - In der Literatur wird die Möglichkeit einer Geschäftseinheit zwischen Verpflichtungs- und Verfügungsgeschäft i.R.v. § 139 BGB überwiegend **abgelehnt**. Die Annahme einer Geschäftseinheit von Verpflichtung- und Verfügungsgeschäft **widerspreche dem Abstraktionsprinzip**.
  - Bei **Auflassungen** scheidet die Annahme eines einheitlichen Geschäfts mit dem Grundgeschäft auch nach Ansicht der Rechtsprechung schon deshalb aus, weil sie bedingungsfeindlich sind, § 925 II BGB.
- Keine Bedingungen i.S.v. §§ 158 ff. BGB sind **Rechtsbedingungen**. Dabei werden Umstände zur Bedingung gemacht, die schon kraft Gesetzes für den Eintritt der Rechtsfolge erforderlich sind.

Fundstelle

Jauernig, JuS 1994, 721 (723 f.)

9 Vertragsschluss im Selbstbedienungsladen

P
§ 145
Rn 8

Eine Standarddiskussion zur Konstruktion des Vertragsschlusses wird in Selbstbedienungsläden geführt. Umstritten ist,

Streitstand ⇨ **ob im Bereitstellen der Ware in Selbstbedienungsläden ein Antrag i.S.v. § 145 BGB liegt.**

a) Invitatio-Lösung

Überwiegend wird vertreten, dass im Bereitstellen der Ware im Selbstbedienungsladen **nur die Aufforderung** an den Kunden liege, ein Angebot abzugeben. (Stichwort: ***invitatio ad offerendum***)

Argument:

- Der Kaufmann kann gute Gründe (**Person und Kreditfähigkeit des Kunden**) haben, die bereitgestellte Ware nicht oder nicht im gewünschten Umfang an einen bestimmten Kunden abzugeben. Daher fehlt es an einem Rechtsbindungswillen des Verkäufers. (Stichwort: ***keine frühe Verkäuferbindung***)

b) Antrags-Lösung

Teilweise wird für richtig gehalten, dass bereits im Auslegen der Ware ein **rechtlich verbindliches Angebot** liege.

Argumente:

- Es besteht **kein Bedürfnis**, den Verkäufer vor früher Bindung zu schützen, denn die Zahlungsfähigkeit des Kunden spielt in Selbstbedienungsläden regelmäßig keine Rolle. Außerdem ist der Verkäufer durch § 320 I BGB hinreichend gesichert. (Stichwort: ***Sicherung durch 320***)
- Die Bereitstellung der Waren im Selbstbedienungsladen ist am **objektiven Empfängerhorizont der Kunden auszulegen**. Danach bestehen regelmäßig keine Zweifel am Vorliegen der ***essentialia negotii*** eines verbindlichen Antrags.

Hinweise

- Anerkannt ist, dass der **Kunde mit Einlegen der Ware in den Einkaufswagen** weder ein Angebot abgibt, noch einen Antrag annimmt: Er will die Möglichkeit behalten, sich noch vor der Kasse anders zu entscheiden.

- Der Selbstbedienungsladen muss argumentativ von der **Schaufensterauslage** unterschieden werden. Hier besteht zusätzlich bereits Streit hinsichtlich des Inhalts der möglichen konkludenten Willenserklärung:
  - Teilweise wird vertreten, die mit einem Preis ausgezeichnete Schaufensterauslage beziehe sich **nur auf das konkret ausgestellte Objekt**. Dessen Angebotscharakter wird ganz überwiegend verneint, weil der Verkäufer erkennbar nicht das **Risiko der Doppelverpflichtung** eingehen wolle. Außerdem sei die Auslage häufig unverkäuflich, um deren Gesamteindruck zu erhalten. (Stichwort: ***Dekoration***)
  - Überwiegend wird der Erklärungsgehalt von Schaufensterauslagen jedoch **nicht auf das konkret ausgestellte Stück beschränkt**, sondern auf **gleichwertige Exemplare** bezogen.
    - Hier wird ganz überwiegend von einer ***invitatio ad offerendum*** ausgegangen. Der Käufer könne nicht davon ausgehen, dass der Verkäufer das Risiko eingehe, in Verträge verwickelt zu werden, die er nicht (mehr) erfüllen könne (Stichwort: ***Vorratsproblem***). Insbesondere wenn er den gewünschten Artikel nicht mehr im Lager habe, seien Schaufensterstücke häufig nicht sofort verkäuflich. Es sei auch nicht interessengerecht, die **Entscheidungsfreiheit des Anbieters** derart einzuengen, dass mit jedem Interessenten automatisch ein Vertrag zustande kommen könne.
    - Die vereinzelt vertretene Gegenauffassung **bejaht einen verbindlichen Antrag**. Die Problematik des möglicherweise nicht ausreichenden Vorrats erlange vor dem objektiven Empfängerhorizont des Kunden keine Bedeutung. (Stichwort: ***Kundenperspektive***) Sie sei vielmehr auf wettbewerbsrechtlicher Ebene angesiedelt, denn dem Verkäufer sei es verboten, Produkte zu bewerben, die er tatsächlich nicht verkaufen könne. Das **Erfüllbarkeitsrisiko** liege ausschließlich beim **Verkäufer**.
    - Es gibt auch Lösungen, die einen verbindlichen Antrag annehmen, bei dem allerdings die **Leistungspflicht des Verkäufers auf den Vorrat beschränkt** sei. Mit dieser Konstruktion wird eine Preisbindung des Verkäufers an die Auslage erreicht, ohne ihn mit dem Erfüllbarkeitsrisiko zu belasten.
- Bei **Verkaufsautomaten** wird nach überwiegender Auffassung ein verbindliches Angebot unter 3-facher Bedingung bejaht: Der Käufer müsse den zu zahlenden Preis entrichten, der Vorrat müsse ausreichen und der Automat müsse technisch funktionieren.

Fundstelle: *Muscheler/Schewe*, Jura 2000, 565; s. Streitstand SachenR Nr. 20

10 Vertragsschluss bei Inanspruchnahme von Leistungen der Daseinsvorsorge

P Einf v § 145 Rn 27

Bei der Inanspruchnahme von Leistungen der Daseinsvorsorge (etwa: ***Öffentlicher Personennahverkehr***) ist umstritten,

Streitstand ⇨ **wie diese Vorgänge rechtsgeschäftlich zutreffend erfasst und bewältigt werden können.**

a) Lehre vom sozialtypischen Verhalten

Teilweise wird vertreten, die Gegenleistungspflicht folge nicht aus Vertrag, sondern bestehe **kraft sozialtypischen Verhaltens**. (Stichwort: ***Verzicht auf Willenserklärung***) Die Inanspruchnahme einer Leistung im Massenverkehr habe die sozialtypische Bedeutung einer Annahmeerklärung.

Argument:

- Bei Massengeschäften des täglichen Lebens kommt dem individuellen Willen nach der Verkehrsauffassung weniger Bedeutung zu als dem tatsächlichen Verhalten. (Stichwort: ***Relevanz des Faktischen***) Darin liegt deshalb der rechtliche Anknüpfungspunkt.

b) Vertragstheorie

Ganz überwiegend wird vertreten, dass **konkludente Erklärungen zum Vertragsschluss** führen würden.

Argumente:

- Die Lehre vom sozialtypischen Verhalten ist mit der auf Willensübereinstimmung basierenden **Vertragskonzeption des BGB** nicht vereinbar. (Stichwort: ***Systementsprechung***)
- Damit ist die Lehre vom sozialtypischen Verhalten nicht nur systemwidrig, sondern auch **überflüssig**. Denn eine **konkludente Willenserklärung** liegt etwa im Einsteigen in einen Bus auch dann, wenn sich der Benutzer insgeheim vorbehält, nicht zahlen zu wollen, § 116 BGB.

Hinweis

Umstritten sind die Rechtsfolgen innerhalb der Vertragstheorie dann, wenn die **Äußerung des Benutzers hinzutritt, keinen Vertrag schließen zu wollen** (Stichwort: ***erklärter Vorbehalt***):

- Einige vertreten, diese Erklärung sei als bloße ***protestatio facto contraria*** unbeachtlich: Der Erklärungswert des tatsächlichen Verhaltens könne nicht durch die mündliche Äußerung wieder zunichte gemacht werden.
- Dagegen wird eingewandt, dass dies nur für nachträglichen Protest gelte, weil eine einseitige Lösung von einer vorher abgegebenen Erklärung nicht möglich sei. Bei zuvor oder gleichzeitig abgegebenen Erklärungen sei die Annahme konkludenter Willenserklärungen hingegen **bloße Fiktion**. Außerdem liege darin ein Verstoß gegen die **Privatautonomie**. Auch könne ein **objektiver Empfänger** in diesem Verhalten keine Willenserklärung sehen. Es gelte mangels Vertrags **Bereicherungsrecht**. In Betracht kämen unter Umständen auch Ansprüche aus §§ 987 ff. BGB und 823 ff. BGB.
- Man ist sich aber insoweit einig, dass bei **Minderjährigen**, die ohne Zustimmung ihres gesetzlichen Vertreters handeln, ein wirksamer Vertrag ausscheidet. Gegen sie können sich nur bereicherungsrechtliche und deliktische Ansprüche richten. Der Minderjährigenschutz habe Vorrang.

Fundstelle

Staudinger/Olzen (2009), § 241 Rn. 97 ff.

11 Vertragsschluss bei kollidierenden Allgemeinen Geschäftsbedingungen

P
§ 305
Rn 55

Bei Vertragsschlüssen von Unternehmen werden regelmäßig **auf beiden Seiten** Allgemeine Geschäftsbedingungen einbezogen. Diese enthalten auch nicht selten einander widersprechende Regelungen. Umstritten ist,

Streitstand ⇨ **wie kollidierende AGB rechtsgeschäftlich zu behandeln sind.**

Beispiel: *Verkäufer V verweist im Antrag auf seine Allgemeinen Lieferbedingungen, während Käufer K zu seinen abweichenden Allgemeinen Einkaufsbedingungen annimmt. Die Parteien beginnen dennoch mit der Erfüllung.*

a) Theorie des letzten Wortes

Selten wird heute noch vertreten, dass die Annahme des Antrags unter Zugrundelegung der eigenen AGB **nach § 150 II BGB** die Ablehnung des Antrags, verbunden mit einem neuen Angebot, sei. Der Gegner, der zuletzt nicht mehr widerspreche, sei mit den zuletzt übersandten AGB einverstanden.

Argument:

- Die **allgemeinen Grundsätze** zum Vertragsschluss gelten auch bei AGB.

b) Dissens-Theorie

Ganz überwiegend wird heute anerkannt, dass der Vertrag **ohne die sich widersprechenden AGB** zustande komme. An deren Stelle würden gemäß § 306 II BGB die gesetzlichen Vorschriften treten.

Argumente:

- Die Theorie des letzten Wortes führt zu **zufälligen Ergebnissen**.
- Durch die kollidierenden AGB entsteht ein **offener Dissens**, da sich die Parteien ihrer Uneinigkeit hinsichtlich der in den AGB widersprüchlich geregelten Klauseln **bewusst** sind. (Stichwort: ***offener Dissens***)
- Jedoch liegt kein Zweifelsfall i.S.v. § 154 I 1 BGB vor, da die Parteien mit Beginn der Durchführung des Vertrages zeigen, dass ihnen der **Vertrag wichtiger ist als die Durchsetzung ihrer Geschäftsbedingungen**.

Hinweis

Bringt eine Partei **klar und deutlich** zum Ausdruck, dass sie die AGB der Gegenseite nicht akzeptiert, gilt § 150 II BGB. Die Aufnahme einer Abwehrklausel in die eigenen AGB genügt dafür aber nicht.

12 Anerkennung relativer Geschäftsfähigkeit

P
§ 104
Rn 6

Geschäftsunfähig nach § 104 Nr. 2 BGB ist, wer sich in einem die freie Willensbestimmung ausschließenden Zustand krankhafter Störung der Geistestätigkeit befindet. Umstritten ist,

Streitstand ⇨ **ob die Geschäftsfähigkeit auch auf einfache Geschäfte beschränkt werden kann. (Stichwort:** *relative Geschäftsunfähigkeit***)**

a) Theorie der relativen Geschäftsfähigkeit

Teilweise wird anerkannt, dass auch eine **relative Geschäftsfähigkeit möglich** sei.

Argumente:

- In § 1903 III 2 BGB wurde ein **Spezialfall** relativer Geschäftsfähigkeit eingeführt. Das zeigt, dass dem **Gesetzgeber dieses Institut bekannt** ist. Ähnlich liegt es auch in § 105a BGB. (Stichwort: ***1903 III 2***)
- Der Haupteinwand gegen die relative Geschäftsunfähigkeit: Rechtsunsicherheit, hat sich heute deshalb erledigt, weil der **Gesetzgeber ihn auch im Betreuungsrecht nicht berücksichtigt** hat. Dort ist nämlich bestimmt, dass die Betreuten im Hinblick auf Geschäfte des täglichen Lebens, die geringfügige Angelegenheiten betreffen, geschäftsfähig sind. (Stichwort: ***gleiche Rechtsunsicherheit im Betreuungsrecht akzeptiert***)

b) Ablehnende Theorie

Ganz überwiegend wird eine auf leichte Geschäfte beschränkte Geschäftsfähigkeit **abgelehnt**.

Argumente:

- Die Anerkennung einer relativen Geschäftsfähigkeit würde zu erheblicher **Rechtsunsicherheit** führen, da eine klare **Grenzziehung** zwischen Geschäftsfähigkeit und Geschäftsunfähigkeit **unmöglich** würde. (Stichwort: ***Rechtssicherheit***)
- Ein Grund für die Relativierung der Geschäftsfähigkeit besteht auch deshalb nicht, weil dieses Konzept bereits durch das Betreuungsrecht realisiert wird: Es kann ein Betreuer bestellt werden, §§ 1896 ff. BGB.

Fundstelle: *Flume*, Allg. Teil des Bürgerl. Rechts, Zweiter Band (1979), § 13 5

13 Neutrale Geschäfte und § 107 BGB

P
§ 107
Rn 7

Rechtlich neutral nennt man diejenigen Rechtsgeschäfte, die dem Minderjährigen **keinen rechtlichen Vorteil bringen, aber auch keinen Nachteil**. Umstritten ist,

Streitstand ⇨ **wie neutrale Rechtsgeschäfte i.R.v. § 107 BGB zu behandeln sind.**

a) Lehre vom neutralen Geschäft

Ganz überwiegend ist anerkannt, dass neutrale Geschäfte **nicht** der Einwilligung des gesetzlichen Vertreters des Minderjährigen **bedürften**.

Argumente:

- Neutrale Geschäfte sind wie lediglich rechtlich vorteilhaft zu behandeln, weil der Minderjährige **nicht schutzbedürftig** ist.
- Für den Fall der Vertretung hat der Gesetzgeber die Lehre vom neutralen Geschäft in § 165 BGB zugrunde gelegt. (Stichwort: ***Rechtsgedanke 165***)

b) Theorie vom Einwilligungserfordernis

Heute praktisch nicht mehr vertreten wird, dass rechtlich neutrale Geschäfte der Einwilligung des gesetzlichen Vertreters des Minderjährigen **bedürften**.

Argument:

- Vom Einwilligungserfordernis kann nach dem **eindeutigen Wortlaut** des § 107 BGB nicht schon bei bloß neutralen Geschäften abgesehen werden, sondern erst, wenn dem Minderjährigen aus seiner Willenserklärung ein rechtlicher Vorteil erwächst. (Stichwort: ***Wortlaut***)

Hinweise

- Ganz überwiegend anerkannt ist, dass nur **rechtliche** Vor- und Nachteile i.R.v. § 107 BGB relevant sind. Die selten vertretenen Gegenauffassungen wollen entweder auf **wirtschaftliche Vorteilhaftigkeit** abstellen, was mit dem Wortlaut von § 107 BGB unvereinbar ist, oder im Einzelfall orientiert am Schutzzweck von § 107 BGB entscheiden, was mit erheblicher Rechtsunsicherheit verbunden ist.
- Überwiegend anerkannt ist ferner, dass **nur unmittelbar rechtliche Nachteile** zu berücksichtigen sind. Dazu zählen auch die kraft Gesetzes eintretenden rechtlichen Nachteile, soweit es sich um **zivilrechtliche Folgewirkungen**

des Rechtsgeschäfts handelt. (Stichwort: ***antezipierter Geschäftswille der Parteien***) Nicht dazu gehören Verpflichtungen, die erst aufgrund weiterer Umstände eintreten, wie etwa Schadenersatzforderungen. Als unmittelbare zivilrechtliche Folgewirkung des Rechtsgeschäfts ist etwa § 566 BGB anerkannt (s.u.).

- Angezweifelt wird teilweise die Vorteilhaftigkeit von **Grundstücksschenkungen**. Dabei kommt es maßgeblich auf die **Auflassung** an, weil durch sie Nutzen und Lasten des Grundstücks auf den Erwerber übergehen.
  - Unter dem Aspekt **öffentlich-rechtlicher Verpflichtungen** (Zahlung von Steuern und Kosten) wird vereinzelt die rechtliche Vorteilhaftigkeit der Auflassung verneint. Die öffentlich-rechtlichen Verpflichtungen seien ein relevanter Nachteil i.R.v. § 107 BGB. Dagegen wendet sich die ganz überwiegende Auffassung: Öffentlich-rechtliche Verpflichtungen seien nicht Gegenstand der Auflassung und damit keine unmittelbaren Folgen des Erwerbsaktes. Bloß mittelbare Folgeerscheinungen seien nicht geeignet, den Charakter der Vorteilhaftigkeit eines Rechtsgeschäfts aufzuheben.
  - Unter dem Aspekt einer etwaigen **dinglichen Belastung** des Grundstücks wird vereinzelt die Zustimmungsbedürftigkeit der Auflassung gefordert. So, wie der Minderjährige allein kein dingliches Recht an seinem Grundstück bestellen dürfe, sei ihm auch der Erwerb eines mit einem dinglichen Recht belasteten Grundstücks verwehrt. Ganz überwiegend wird diese Sichtweise nicht geteilt. Der Minderjährige erhalte insgesamt ein um die Belastung gemindertes Grundstück. Die Belastung des Rechts begründe keine unmittelbaren Verpflichtungen des Minderjährigen. Rechtlich liege daher kein Nachteil vor.
- Ganz überwiegend anerkannt ist hingegen, dass die Auflassung eines **vermieteten Grundstücks** der Zustimmung des gesetzlichen Vertreters bedarf, da der Übergang der Mietverhältnisse nach § 566 BGB zur persönlichen Haftung des Minderjährigen führe.
- Der BGH hält den Erwerb einer **Eigentumswohnung** für stets nicht lediglich rechtlich vorteilhaft, und zwar unabhängig von der Ausgestaltung der Teilungserklärung und vom Verwaltervertrag: BGHZ 187, 119.
- Zu Schenkungen von **vermieteten Grundstücken** der Eltern an den Minderjährigen s.u. Hinweis 2 zu **STREITSTAND 37**.
- Zum gutgläubigen Erwerb vom Minderjährigen s. **STREITSTÄNDE KOMPAKT**, **Sachenrecht**, Nr. 25.

Fundstelle: Staudinger/*Knothe* (2011), § 107 Rn. 2 f.

14 Rechtswirkungen qualifizierter Schriftformklauseln

P
§ 125
Rn 14

Verträge enthalten häufig Klauseln, dass spätere Änderungen der Schriftform bedürfen. Solche **einfachen Schriftformklauseln** können durch die Parteien durch *formlose* Vertragsänderung *konkludent aufgehoben* werden. Streitig ist,

Streitstand ⇨ **ob *qualifizierte* Schriftformklauseln, nach denen Änderungen der Schriftformklausel selbst der Form bedürfen, Wirkung entfalten.**

a) Theorie vom Formerfordernis

Überwiegend wird vertreten, dass qualifizierte Schriftformklauseln nur in der vorgeschriebenen Form aufgehoben oder geändert werden könnten.

Argumente:

- Ansonsten würden sie bedeutungslos. (Stichwort: ***Entwertungsproblem***)
- Die Notwendigkeit strenger Beachtung des Formzwangs bedeutet keine Einschränkung, sondern gerade **Verwirklichung der Privatautonomie**.

b) Theorie der Vertragsfreiheit

Teilweise wird vertreten, übereinstimmend gewollte mündliche Vereinbarungen könnten auch durch qualifizierte Formgebote **nicht gehindert** werden.

Argumente:

- Auf seine Vertragsfreiheit kann man nicht wirksam für die Zukunft verzichten.
- Die vereinbarte Klausel beruht **auf dem Willen der Parteien** und nicht auf dem Gesetz. Sie kann daher durch übereinstimmenden Willensakt jederzeit aufgehoben werden. (Stichwort: ***keine Dominanz der Form über Willen***)
- Ist die Schriftformklausel eine Allgemeine Geschäftsbedingung, ergibt sich der Vorrang der mündlichen Individualabrede bereits aus **§ 305b BGB**.

c) Theorie vom Änderungsbewusstsein

Teilweise wird vertreten, die Abänderung sei nur wirksam, wenn die Parteien in diesem Zeitpunkt **wenigstens an das Schriftformerfordernis gedacht haben**.

Argument:

- Wollen die Parteien vom vereinbarten Formerfordernis abweichen, müssen sie es **zuvor aufheben**. Voraussetzung für eine konkludente Aufhebung ist aber mindestens ein **entsprechender Geschäftswille** der Parteien.

15 Rechtsfolge nach § 134 BGB bei Verstoß gegen das Schwarzarbeitsgesetz

P
§ 134
Rn 22

§ 134 BGB sieht vor, dass Rechtsgeschäfte, die gegen ein Verbotsgesetz verstoßen, **nichtig** sind, wenn sich nicht aus dem Gesetz etwas anderes ergibt. Diesem **Regel-Ausnahmeverhältnis entgegen** wird vielfach jedoch eine **positive Begründung** für die Nichtigkeitssanktion gefordert, wobei insbesondere die Rechtsprechung auf **Sinn und Zweck** des jeweiligen Verbotsgesetzes abstellt. Bei Rechtsgeschäften, die gegen das Gesetz zur Bekämpfung von Schwarzarbeit verstoßen, wird die Nichtigkeit des (Werk-) Vertrages weitgehend anerkannt, wenn er **beiden** Parteien **bekannt** ist. Umstritten sind

Streitstand ⇨ **die Rechtsfolgen, wenn nur eine Partei vom Verstoß gegen das Schwarzarbeitsbekämpfungsgesetz Kenntnis hat.**

a) Wirksamkeitstheorie

Nach der Rechtsprechung ist der Werkvertrag **wirksam**, wenn nur der Auftragnehmer gegen das Gesetz verstößt und der Gesetzesverstoß vom Auftraggeber nicht bewusst zum eigenen Vorteil ausgenutzt wird.

Argumente:

- Das Verbot der Schwarzarbeit dient der Bekämpfung erhöhter Arbeitslosigkeit, dem Schutz gewerblicher Betriebe vor Lohn- und Preisunterbietungen sowie dem Erhalt der Sozialversicherungssysteme. **Keiner dieser Regelungszwecke** führt bei einseitigen Zuwiderhandlungen des Auftragnehmers **notwendigerweise** zur Nichtigkeit des Werkvertrages. (Stichwort: ***kein Nichtigkeitsbedürfnis***)
- Die **Interessen des gesetzestreuen Auftraggebers** gebieten, ihm seine Erfüllungs- und Gewährleistungsansprüche zu belassen und ihn nicht auf Ersatzansprüche zu verweisen. (Stichwort: ***Auftraggeberschutz***)

b) Theorie der halbseitigen Nichtigkeit

Teilweise wird vertreten, dass bei einseitigem Gesetzesverstoß eine **halbseitige Teilnichtigkeit des Vertrags** eintrete. Der Auftraggeber behalte seine vertraglichen Rechte, während der Auftragnehmer auf **Bereicherungsansprüche** beschränkt sei. Diese verliere er nach **§ 817 S. 2 BGB**, wenn er den Gesetzesverstoß wissentlich begangen habe.

Argumente:

- Das Gebot in § 134 BGB, „wenn sich nicht aus dem Gesetz ein anderes ergibt", legitimiert im Rahmen **teleologischer Gesetzesanwendung** die Entwicklung von Zwischenformen wie der halbseitigen Teilnichtigkeit.
- Nach Sinn und Zweck des Schwarzarbeitsbekämpfungsgesetzes muss der Besteller seine Erfüllungs- und Gewährleistungsansprüche behalten. **Nicht gerechtfertigt ist aber der vertragliche Werklohnanspruch** des Auftragnehmers, denn dieser verstößt durch seine Arbeit gerade gegen das gesetzliche Verbot. **Dort** muss daher auch die Sanktion wirken.
- Der ordnungspolitische Zweck des Schwarzarbeitsbekämpfungsgesetzes wird durch die Risikozuweisung in **§ 817 S. 2 BGB** verwirklicht.

Hinweise

- Der Verstoß gegen § 5 I WiStG wegen **zu hohen Mietzinses** führt anerkanntermaßen nur zur **Teilnichtigkeit** des Mietvertrages hinsichtlich der Mietzinsabrede, ***arg.: Mieterschutz***. Umstritten ist, ob an deren Stelle ein Anspruch auf die **ortsübliche** Miete **oder** die **höchstzulässige** Miete tritt:
  - Für den **ortsüblichen** Mietzins wird vorgetragen, dass der rechtsuntreue Vermieter nicht dadurch privilegiert werden dürfe, dass er zivilrechtlich seine Maximalforderung risikolos durchsetzen könne. Damit würde ein Anreiz geschaffen zu überhöhten Mietzinsen. (MünchKomm/*Armbrüster* [2012], § 134 Rn. 107)
  - Dagegen richtet sich etwa die Rechtsprechung mit dem Hinweis, dass die Teilnichtigkeit nicht weiter reiche als die tatbestandliche Erfüllung des Verbotsgesetzes. Was das Gesetz nicht verbiete, sei rechtmäßig, so dass für eine weiterreichende Rechtsfolge kein Anlass bestehe.
- Auch **Umgehungsgeschäfte** können nach überwiegender Auffassung von der Sanktion des § 134 BGB erfasst werden. Umstritten ist dabei jedoch, ob dies auch eine **Absicht** der Parteien zur Umgehung des Verbotsgesetzes voraussetzt.
  - Dagegen wird vorgetragen, dass es nur auf die objektive Gestaltung ankomme und ob diese vom Normzweck des Verbotsgesetzes erfasst sei.
  - Dafür spreche, dass erst die Umgehungsfunktion des Geschäfts dessen Nichtigkeit auslösen könne, so dass ein subjektives Element zu fordern sei.

Fundstelle

Canaris, Anm. zu BGH NJW 1985, 2403

16 Anfechtbarkeit bei offenem Kalkulationsirrtum

P
§ 119
Rn 19

Beim Kalkulationsirrtum irrt der Erklärende über einen Umstand, den er intern seiner Preisberechnung zugrunde gelegt hatte. Grundsätzlich ist dieser Fehler im Rahmen der Willensbildung unbeachtlich. (Stichwort: ***unbeachtlicher Motivirrtum***) Dies gilt jedenfalls so lange, wie die Kalkulationsgrundlage dem Gegner **nicht offengelegt** wurde. (Stichwort: ***Risikosphäre des Erklärenden***) Umstritten ist,

Streitstand ⇨ **wie ein Kalkulationsirrtum zu bewerten ist, wenn der Gegner erkennen konnte, auf welcher Basis der Preis ermittelt werden sollte.**

Bevor jedoch eine Anfechtung in Betracht gezogen wird, sind die Erklärungen **auszulegen**. Steht bei den Parteien der (richtige) **Kalkulationsfaktor** deutlich im Vordergrund gegenüber dem (fehlerhaften) Rechnungsendbetrag, kann eine unschädliche Falschbezeichnung des Ergebnisses nach dem Grundsatz ***falsa demonstratio non nocet*** vorliegen.

a) Theorie vom erweiterten Inhaltsirrtum

Teilweise wird beim offenen Kalkulationsirrtum eine Anfechtung analog § 119 I BGB für **zulässig** gehalten, wenn d. Geschäftsgegner den Irrtum erkannt habe.

Argumente:

- Beim erkannten Kalkulationsirrtum fehlt dem Geschäftsgegner jedes schutzwürdige Vertrauen in den Bestand des Rechtsgeschäfts. (Stichwort: ***keine Schutzwürdigkeit des Gegners***)
- Dem offenen Kalkulationsirrtum liegt wie allen Anfechtungsgründen in § 119 I BGB eine Diskrepanz zwischen Wille und Erklärung zu Grunde. (Stichwort: ***Vergleichbarkeit 119 I***) Er muss erst recht zur Anfechtung berechtigen, weil hier das Motiv (die Berechnung) sogar zum Inhalt der Willenserklärung geworden ist. Damit ergibt sich der Zwiespalt sogar aus der Erklärung selbst.

b) Unanfechtbarkeitslösung

Überwiegend wird die **Anfechtbarkeit abgelehnt**.

Argumente:

- § 119 I BGB erfasst nur Fälle, in denen Wille und Erklärung **im Zeitpunkt der Abgabe** der Willenserklärung auseinanderfallen. Beim Kalkulationsirrtum liegt der Irrtum aber bereits im Stadium der Willensbildung (Stichwort: ***bloßer Motivirrtum***) und damit in der **Risikosphäre des Erklärenden**.

- Der Aspekt des **Vertrauensschutzes** oder die **Kenntnis** des Irrtums sind für die Anfechtbarkeit der Willenserklärung **irrelevant**. Ausweislich § 122 II BGB kommt es darauf erst beim Schadenersatz an. (Stichwort: ***122 II***)

Hinweise

- Eine Anfechtung nach § 119 II BGB ist jedenfalls ausgeschlossen, weil der kalkulierte **Preis als Wert der Leistung keine verkehrswesentliche Eigenschaft** ist. Ganz überwiegend wird auch eine teleologische Extension dieser Vorschrift abgelehnt.
- Im Rahmen des offenen Kalkulationsirrtums werden neben dem Anfechtungsrecht noch verschiedene **weitere Aspekte** diskutiert:
  - Möglicherweise stellt die Annahme des Vertragsangebots trotz erkannten Kalkulationsirrtums eine **unzulässige Rechtsausübung i.S.v. § 242** BGB dar. Das wird von der Rechtsprechung teilweise bejaht, wenn der Irrtum erkennbar von einigem Gewicht war.
  - Es stellt sich weiter die Frage nach einem **Schadenersatz** wegen unterlassender Aufklärung bei vom Gegner erkannten Kalkulationsirrtum nach §§ 280 I, 311 II, 241 II BGB.
    - Teilweise wird ein solcher Schadenersatzanspruch abgelehnt. Es dürfe kein Widerspruch zu §§ 119 ff. BGB entstehen.
    - Teilweise wird die Schadenersatzpflicht von §§ 119 ff. BGB losgelöst betrachtet und entsprechend bejaht. Pflichtverletzungen innerhalb von Sonderbeziehungen seien vom Anfechtungsrecht grundverschieden.
  - Beim Fehlen der Geschäftsgrundlage beim Doppelirrtum s.u. **STREITSTAND 18**.
- Lässt die **evident unrichtige Rechnung** den Fehler nicht erkennen, ist die Willenserklärung insgesamt nichtig wegen Widersprüchlichkeit (Stichwort: ***Perplexität***). Einer Anfechtung bedarf es in diesem Fall nicht.
- Beim **Irrtum über die Rechtsfolgen** einer Erklärung ist zu differenzieren: Die Anfechtung ist berechtigt, wenn der Irrtum sich auf Rechtsfolgen bezieht, die durch die Erklärung erreicht werden sollten. Sie scheidet aus, wenn die irrtümlich angenommene Rechtsfolge als gesetzliche Nebenfolge eintritt. Davon zu unterscheiden ist der Irrtum über die Bedeutung eines verwendeten Rechtsbegriffs: zur Anfechtung berechtigender Inhaltsirrtum.

Fundstelle

Waas, JuS 2001, 14

17 Eigentum an Sache als Eigenschaft i.S.v. § 119 II BGB

P
§ 119
Rn 27

Eigenschaften einer Sache sind Merkmale, die auf der natürlichen Beschaffenheit der Sache beruhen. Darüber hinaus kommen auch **tatsächliche oder rechtliche Verhältnisse und Beziehungen zur Umwelt** in Betracht, soweit sie nach der Verkehrsanschauung für die Wertschätzung oder Verwendbarkeit von Bedeutung sind. Umstritten ist,

Streitstand ⇨ **ob das Eigentum an einer Sache als Eigenschaft i.R.v. § 119 II BGB gilt.**

a) Ablehnende Theorie

Nach der Rechtsprechung ist das Eigentum an einer Sache **keine** verkehrswesentliche Eigenschaft i.S.v. § 119 II BGB.

Argumente:

- Rechtliche Verhältnisse sind nur dann Eigenschaften, wenn sie durch Umstände bedingt sind, die **außerhalb** der Sache selbst liegen.
- Das Eigentum als solches hat **keinen Einfluss** auf die Brauchbarkeit oder den Wert der Sache.

b) Eigenschafts-Lösung

Teilweise wird auch dem Eigentum die Qualität einer **verkehrswesentlichen Eigenschaft** i.S.v. § 119 II BGB beigemessen.

Argumente:

- Nur außerhalb der Sache liegende rechtliche Verhältnisse zu Eigenschaften zu zählen ist eine **willkürliche Differenzierung**. (Stichwort: ***Art. 3 GG***)
- Das Eigentum bestimmt Wert und Brauchbarkeit der Sache: Ob der Käufer damit rechnen muss, dass Rechte Dritter gegen ihn geltend gemacht werden können, ist für diesen erheblich. (Stichwort: ***Gefahr Herausgabepflicht***)

Hinweis

Der **Ertrag oder Umsatz eines Unternehmens** wird überwiegend nicht als Eigenschaft i.S.v. § 119 II BGB angesehen. Etwas anderes gelte jedoch für die Angabe des Gewinns **einer Reihe von Jahren**, weil sich darin die Beschaffenheit des Unternehmens und seine generelle Ertragsfähigkeit widerspiegelten.

Fundstelle: MünchKomm/*Kramer* (2012), § 119 Rn. 131, 134

18 Beiderseitiger Irrtum und Anfechtung nach § 119 II BGB

P
§ 119
Rn 30

Ein doppelseitiger Irrtum liegt vor, wenn beide Parteien einem Irrtum unterlegen waren. Sofern es sich dabei um **verschiedene** Irrtümer handelt, gelten die allgemeinen Regeln über die Anfechtbarkeit nach § 119 BGB. Umstritten ist

Streitstand ⇨ **die Anfechtbarkeit hingegen, wenn beide Parteien einem identischen Irrtum erlegen waren.**

a) Geschäftsgrundlagen-Lösung

Überwiegend wird bei gemeinsamem Irrtum beider Parteien die **Anfechtbarkeit verneint** und eine Lösung nach § 313 BGB wegen Störung der Geschäftsgrundlage befürwortet.

Argument:

- Wenn beide irren, kann nicht nur einer das **Risiko der Anfechtung nach § 122 BGB** tragen, da es vom **Zufall** abhängt, wer sich als erster zur Anfechtung entschließt. (Stichwort: ***Einseitigkeit von 122***)

b) Anfechtungstheorie

Teilweise wird eine Anfechtung **nicht ausgeschlossen**.

Argument:

- Die Irrtumsanfechtung erklärt nur diejenige Partei, die sich einen **Vorteil erhofft**. Dann kann sie auch die Folge des § 122 BGB tragen. (Stichwort: ***keine Anfechtung ohne Vorteilshoffnung***)

Hinweise

- Teilweise wird auch ein **differenzierender Standpunkt** vertreten: Das Anfechtungsrecht bestehe nur, wenn sich der Irrtum **tatsächlich** ausschließlich zu Lasten nur einer Partei auswirke.
- Wird ein Anfechtungsrecht beim beiderseitigen Irrtum bejaht, kann ein Interessenausgleich entsprechend der Verantwortlichkeit beider Parteien über eine analoge Anwendung von **§§ 122 II oder § 254 BGB** erwogen werden.
- Der Doppelirrtum muss sorgfältig **vom versteckten Dissens unterschieden** werden: Beim beiderseitigen Irrtum stimmen die abgegebenen Erklärungen objektiv überein, beim Dissens jedoch nicht.

Fundstelle: *Hübner*, Allgemeiner Teil des BGB (1996), Rn. 806 ff.

19 Anfechtung, wenn Vertreter im fremden, statt wie gewollt im eigenen Namen handelt

P
§ 164
Rn 16

Der Vertreter muss eine Willenserklärung im Namen des Vertretenen abgeben. Ob er im eigenen oder fremden Namen gehandelt hat, wird durch Auslegung ermittelt. Führt die Auslegung zu keinem eindeutigen Ergebnis, trägt nach § 164 II BGB der **Vertreter die Beweislast** dafür, nicht im eigenen, sondern im fremden Namen gehandelt zu haben. Gelingt dem Vertreter dieser Nachweis nicht, kann er sich **wegen § 164 II BGB** nicht durch Anfechtung von der ihn selbst bindenden Erklärung mit der Begründung lösen, er habe im fremden Namen handeln wollen. Umstritten ist,

Streitstand ⇨ **ob die Anfechtung auch im umgekehrten Fall ausgeschlossen ist, wenn nämlich der Vertreter in Wahrheit im eigenen Namen handeln wollte.**

Beispiel: *V arbeitet im Unternehmen des G und schließt im Rahmen des Geschäftsbetriebs einen Vertrag mit B. Dabei macht er nicht deutlich, das Geschäft für sich selbst zu wollen. Deshalb ficht V seine Erklärung gegenüber B an.*

a) Ausschlusslösung

Teilweise, auch von der Rechtsprechung, wird **§ 164 II BGB auf den Fall analog angewandt**, dass der Vertreter objektiv im fremden Namen gehandelt hat, obwohl er in Wahrheit im eigenen Namen auftreten wollte. Auch dann sei eine Anfechtung ausgeschlossen.

Argumente:

- § 164 II BGB gibt der **Rechtssicherheit** Vorrang gegenüber der richtigen Person des Vertretenen. Der vom Vertreter zum Ausdruck gebrachte Wille, in fremdem Namen zu handeln, ist danach verbindlich. (Stichwort: ***164 II → Rechtssicherheit***)
- Es **fehlt auch an der Schutzbedürftigkeit der Beteiligten**:
  - Der **Vertretene** ist bei fehlender Vertretungsmacht nicht gebunden, und bei wirksamer Vertretung mit seiner Verpflichtung einverstanden.
  - Der **Vertreter** ist bei Vertretungsmacht nicht gebunden und bei deren Fehlen zwar der Haftung aus § 179 BGB ausgesetzt, muss dies aber aufgrund der gesetzlichen Wertung in § 164 II BGB im Interesse der Rechtssicherheit hinnehmen.

b) Theorie der Anfechtbarkeit

Überwiegend wird vertreten, dass bei objektiver Erklärung im fremden Namen, während in Wahrheit eine eigene Erklärung abgegeben werden sollte, eine **Anfechtung nach § 119 I BGB möglich** sei.

Argumente:

- Der Wortlaut erfasst nur Erklärungen, die **objektiv im eigenen Namen** abgegeben wurden. (Stichwort: ***Wortlaut***) Es handelt sich dabei auch um eine nicht analogiefähige **Ausnahmevorschrift**.
- Durch § 164 II BGB sollen **nur Dritte geschützt werden**, die nach dem Verhalten des Handelnden davon ausgehen mussten, dass dieser Vertragspartner sein würde. (Stichwort: ***Schutzzweck 164 II***) Ein solches Vertrauen besteht aber gar nicht, wenn objektiv eine Erklärung im fremden Namen vorliegt. (Stichwort: ***kein Vertrauen***)
- Der Hauptzweck von § 164 II BGB besteht darin, **Unklarheiten zwischen mittelbarer und unmittelbarer Stellvertretung zu vermeiden**. Mit fehlender Schutzwürdigkeit von Vertreter und Vertretenem kann daher nicht argumentiert werden. (Stichwort: ***Schutzbedürftigkeit Vertreter/Vertretener irrelevant***)

Hinweise

- Innerhalb der Theorie der Anfechtbarkeit ist umstritten, **wem** in diesen Fällen das Anfechtungsrecht zusteht. Wenn der Vertreter keine Vertretungsmacht hatte, kommt nach überwiegender Auffassung auch nur er als Anfechtungsberechtigter in Betracht, um seiner Haftung nach § 179 BGB zu entgehen. Handelte der Vertreter **mit** Vertretungsmacht, so gilt:
    - Teilweise wird es allein dem **Vertretenen** zugestanden. Ihm sei der Irrtum des Vertreters nach § 166 I BGB zuzurechnen. Eine Anfechtung des Vertreters würde die **Rechtsposition des Vertretenen** beseitigen, ohne dass der Vertreter **diesem** nach § 122 BGB zum Ersatz des Vertrauensschadens verpflichtet wäre.
    - Teilweise wird es dem **Vertreter** zugesprochen. Nur er habe Veranlassung zur Anfechtung. § 166 I BGB erfasse die Besonderheit der Irrtumskonstellation nicht sachgerecht und sei daher nicht anwendbar.
- Hat der Erklärende **bewusst im fremden Namen** gehandelt, das Geschäft aber insgeheim für sich selbst gewollt, gilt § 116 S. 1 BGB: Das Rechtsgeschäft ist, soweit Vertretungsmacht vorliegt, für den Vertretenen wirksam.

Fundstelle: MünchKomm/*Schramm* (2012), § 164 Rn. 65 f.

20 Anfechtbarkeit nichtiger Rechtsgeschäfte

P Überb v § 104 Rn 35

Umstritten ist,

Streitstand ⇨ **ob ein nichtiges Rechtsgeschäft noch angefochten werden kann.**

Bsp.: A bestimmt den 13-jährigen M durch Betrug zu Verkauf und Übereignung seines Fahrrads. Die Eltern genehmigen nicht. A veräußert das Fahrrad an D, der von der Täuschung, aber nicht vom Alter des M wusste.

a) Anfechtbarkeitslösung

Überwiegend hält man eine solche Anfechtung für **möglich**.

Argumente:

- Es ist möglich, **zwei Nichtigkeitsgründe** geltend zu machen, da im Zivilrecht das **Prinzip der Kumulation** und nicht der Alternativität gilt. (Stichwort: ***Kumulationsprinzip***)
- Es besteht auch ein **praktisches Bedürfnis** nach der Anfechtbarkeit nichtiger Rechtsgeschäfte, denn der Nichtigkeitsgrund kann schwer, der Anfechtungsgrund aber leicht **beweisbar** sein. (Stichwort: ***Beweisbarkeit***)
- Mit Anfechtungsrechten ist der **Schutz** bestimmter Interessen bezweckt. Dieser Schutzzweck kann **trotz Nichtigkeit** des Rechtsgeschäfts bestehen.

b) Theorie der Nichtanfechtbarkeit

Einige **schließen** die Anfechtung eines nichtigen Rechtsgeschäfts **aus**.

Argument:

- Die Anfechtung setzt **logisch** ein wirksames Rechtsgeschäft voraus: Was bereits nichtig ist, kann nicht noch einmal vernichtet werden.

Hinweis

Am ***Beispiel*** zeigt sich die Relevanz dieser Diskussion: Die Übereignung an A war schon wegen der Minderjährigkeit des M unwirksam, §§ 107, 108 BGB. Jedoch kann D insoweit redlich das Eigentum erwerben: §§ 929 S. 1, 932 BGB. Kann M die bereits unwirksame Übereignung an A noch nach § 123 I BGB anfechten, würde die Kenntnis dieses Nichtigkeitsgrundes den D am gutgläubigen Erwerb hindern: § 142 II BGB.

21 § 120 BGB bei bewusstem Abweichen des Boten von der Erklärung

P
§ 120
Rn 4

Bei der Übermittlung von empfangsbedürftigen Willenserklärungen können Hilfspersonen eingesetzt werden. Hilfspersonen des Empfängers heißen **Empfangsboten**. Empfangsbote ist, wer nach der Verkehrsauffassung als geeignet und ermächtigt gilt, Erklärungen für den Empfänger entgegenzunehmen. Eine falsche Weiterleitung der Erklärung durch Empfangsboten geht zu Lasten des Empfängers: Die Willenserklärung ist bereits zugegangen (Stichwort: ***personifizierte Empfangseinrichtung***) und damit wirksam geworden (§ 130 I 1 BGB), wenn der Empfangsbote sie entgegennimmt und damit die Möglichkeit der Kenntnisnahme durch den Adressaten besteht. **Erklärungsboten** sind Übermittlungsgehilfen des Absenders. § 120 BGB regelt dessen Anfechtungsrecht, wenn der Erklärungsbote die Erklärung versehentlich unrichtig übermittelt hat. Umstritten ist,

Streitstand ⇨ **wie die absichtliche Falschübermittlung durch den Erklärungsboten zu behandeln ist.**

Dabei geht es um die **Auslegung** des Begriffs **„unrichtige Übermittlung einer Willenserklärung“** in **§ 120 BGB**.

a) Unanwendbarkeitstheorie

Überwiegend wird § 120 BGB bei bewussten Falschübermittlungen für **unanwendbar** gehalten. Die Erklärung sei für den Erklärenden auch ohne Anfechtung unverbindlich. Jedoch seien die §§ 177 ff. BGB entsprechend anzuwenden. (Stichwort: ***177 ff. analog***)

Argumente:

- Weil § 120 BGB auf die Voraussetzungen des § 119 BGB **verweist**, der nur den **Irrtum** berücksichtigt, kann auch § 120 BGB nur im Fall der **unbewusst** unrichtigen Übermittlung gelten. (Stichwort: ***Parallele 119***)
- Allein die Einschaltung eines Boten rechtfertigt noch nicht, dem Erklärenden absichtlich falsche Übermittlungen als eigene Erklärungen zuzurechnen. Vielmehr **fehlt es gerade an einer solchen Erklärung** des Auftraggebers, weil eine eigene Erklärung des „Boten“ vorliegt. (Stichwort: ***Privatautonomie***)
- Der Erklärungsempfänger ist durch Anwendung von §§ 177 – 179 BGB **ausreichend geschützt**. (Stichwort: ***Empfänger nicht schutzbedürftig***)

b) Anwendbarkeitstheorie

Teilweise wird § 120 BGB auch bei absichtlichen Falschübermittlungen für **anwendbar** gehalten.

Argumente:

- Der Auftraggeber hat durch Einschaltung eines Boten die **Gefahr der absichtlichen Falschübermittlung begründet** und muss daher auch dieses Risiko tragen. (Stichwort: ***Risikotragung***)
- Die überwiegende Auffassung sieht keinen Grund zur Abweichung von den §§ 120, 122 BGB, wenn der Bote die Erklärung des Absenders versehentlich **völlig entstellt**. Hier wie dort liegt aber inhaltlich keine Erklärung des Absenders mehr vor. (Stichwort: ***Vergleich mit unbewusster Falschübermittlung***)
- Der Hinweis auf § 119 BGB trägt nicht, denn wenn der Erklärende bewusst eine von seinem wirklichen Willen abweichende Erklärung abgeben würde, läge gerade kein Irrtum vor, sondern wäre § 116 BGB anwendbar: Der objektive Erklärungswert wäre gerade zurechenbar. (Stichwort: ***statt 119 → 116***)

Hinweise

- Eine zur Empfangnahme **nicht ermächtigte oder nicht als ermächtigt anzusehende Person** gilt als Erklärungsbote des Absenders. Dann trägt der Absender das Zugangsrisiko.
- Zur Systematik der möglichen Haftung **des Absenders**:
  - Die Anfechtungsmöglichkeit nach § 120 BGB führt zur Vertrauenshaftung des Absenders nach § 122 BGB.
  - Teilweise wird auch ein Schadenersatzanspruch gegen den Absender nach §§ 280 I, 311 II, 241 II, 278 BGB bejaht, da das Handeln des ungetreuen Boten der Rechtssphäre des Erklärenden zuzurechnen sei. Darin wird teilweise ein Widerspruch innerhalb der überwiegenden Auffassung gesehen: Den §§ 120, 122 BGB sei eine Begrenzung der Haftung des Absenders auf Fälle irrtümlicher Falschübermittlung zu entnehmen; mangels eigenen Verschuldens sei der Vorsatz des Boten dem Erklärenden ausweislich dieser Vorschriften gerade *nicht* zurechenbar. Dazu stehe eine Haftung, die auf der Zurechnung des vorsätzlichen Botenverhaltens beruhe (§ 278 BGB), im offenen Widerspruch.

Fundstelle

Marburger, AcP 173 (1973), 137

22 Kriterien der Zurechnung bei Dritttäuschungen in § 123 II BGB

P
§ 123
Rn 13

Täuscht nicht der Adressat der Willenserklärung, sondern **ein Dritter**, ist die Willenserklärung nur anfechtbar, wenn **der Adressat** (= der potentielle Anfechtungsgegner) die Täuschung kannte oder kennen musste, § 123 II BGB. Damit wird das Anfechtungsrecht aus § 123 I BGB eingeschränkt. Je weiter man den Personenkreis des „Dritten" zieht, desto mehr wird das Anfechtungsrecht des Getäuschten eingeschränkt. „Nichtdritte" sind dabei anerkanntermaßen Vertreter, Verhandlungsführer oder Verhandlungsgehilfen des Adressaten. Jedoch

Streitstand ⇨ **ist die Abgrenzung beider Personenkreise (**Dritte – „Nichtdritte"**) noch nicht völlig geklärt.**

a) Einzelfalltheorie

Nach der Rechtsprechung kommt es auf **enge Beziehungen** zum Adressaten oder auf **Billigkeitsgesichtspunkte** unter Berücksichtigung des **Einzelfalls** an.

Argument:

- § 123 II BGB schränkt – ausweislich der Motive zum BGB – die Anfechtbarkeit aus **Billigkeitsgründen** und im Interesse der **Verkehrssicherheit** ein. Dritte sollen danach alle am Rechtsgeschäft Unbeteiligten sein.

b) Theorie der normativen Verankerung

In der Literatur wird teilweise auf **§ 278 BGB analog** oder auf die Prinzipien der Stellvertretung **analog § 166 BGB** abgestellt. Der Täuschende müsse **auf der Seite** des Erklärungsgegners stehen oder mit dessen Zustimmung handeln.

Argumente:

- Im Interesse der **Rechtssicherheit** kann man sich an den Zurechnungskriterien des Stellvertretungsrechts orientieren: 1. Zurechnung, wenn der Handelnde erkennbar als Wahrer der Interessen des Adressaten auftrat (**in fremdem Namen**), 2. Zurechnung, wenn der Handelnde vom Adressaten mit dieser Aufgabe betraut war (**Bevollmächtigung**) und 3. Zurechnung, wenn der Adressat sich nachträglich das Verhandlungsergebnis des Handelnden zu eigen macht (**Genehmigung**).

- Es besteht eine Art **vorvertragliche Verbindlichkeit**, den Kontrahenten nicht zu täuschen. Daher findet die Zurechnungsnorm § 278 BGB auch im Rahmen von §123 II BGB einen sinnvollen Anwendungsbereich.

Fundstelle: MünchKomm/*Armbrüster* (2012), § 123 Rn. 62 ff.

23 Verhältnis von § 119 II BGB zur Sachmängelhaftung nach Gefahrübergang

P
§ 119
Rn 28

Beim Kauf von mangelhaften Sachen stehen dem Käufer Gewährleistungsrechte gemäß § 437 BGB zu. Kennt der Käufer die Mängel bei Abschluss des Vertrages nicht, liegt häufig **gleichzeitig ein Irrtum i.S.v. § 119 II BGB** vor. Umstritten ist daher,

Streitstand ⇨ **ob die Anfechtung nach § 119 II BGB ausgeschlossen ist, wenn für den Erklärenden gleichzeitig Mängelansprüche in Betracht kommen.**

a) Anfechtungstheorie

Teilweise wird vertreten, dass die Sachmängelgewährleistungsrechte das Anfechtungsrecht des Käufers **nicht ausschließen**.

Argumente:

- **Käufer und Verkäufer sind gleich zu behandeln:** Wenn der Verkäufer anfechten kann, weil er ein echtes Bild in Unkenntnis davon zu billig verkauft hat, muss dies dem Käufer auch möglich sein, wenn er ein unechtes Gemälde im Vertrauen auf die Echtheit zu teuer erworben hat.
- Eine ungerechtfertigte Besserstellung des Käufers ist dadurch ausgeschlossen, dass er dem Verkäufer zum Ersatz des negativen Interesses nach **§ 122 BGB** verpflichtet ist.

b) Theorie vom Anfechtungsausschluss

Überwiegend wird vertreten, dass die Sachmängelhaftung des Verkäufers ein Anfechtungsrecht des Käufers aus § 119 II BGB **verdränge**.

Argumente:

- Die **kurze Verjährungsfrist aus § 438 I Nr. 3 BGB** (regelmäßig 2 Jahre ab Gefahrübergang) darf nicht mit § 121 BGB (bis zu 10 Jahre: § 121 II BGB) unterlaufen werden.
- Das differenzierte Mängelhaftungssystem regelt die Rechte des Gläubigers umfassend und abschließend. Insbesondere darf das **Fristsetzungserfordernis** nicht umgangen werden. (Stichwort: ***Vorrang der Nacherfüllung***)
- **§ 442 I 2 BGB** schließt Gewährleistungsrechte des Käufers weitgehend aus, wenn dieser Mängel bei Vertragsschluss grob fahrlässig nicht kannte. Ihm muss verwehrt sein, sich über § 119 II BGB dennoch vom Vertrag zu lösen.

Hinweise

- **Bei Arglist** des Verkäufers ist auch nach der zweiten Ansicht eine Anfechtung nach § 123 BGB *nicht* ausgeschlossen. Dann sind alle genannten Argumente entkräftbar:
  - Bei Arglist greift gemäß **§ 438 III BGB** die regelmäßige Verjährung (also auch hier bis zu 10 Jahre nach §§ 195, 199 I, IV BGB)
  - **§ 442 I 2 BGB** greift dann auch trotz grober Fahrlässigkeit.
  - Arglistiges Verhalten hat als „besonderer Umstand" im Sinne der §§ 281 II Fall 2, 323 II Nr. 3 BGB **Entbehrlichkeit der Fristsetzung** zur Folge.
  - Für die Zulassung der Anfechtung spricht dann auch der (etwa in § 444 Fall 1 BGB zum Ausdruck kommende) **Gedanke des rechtsethischen Durchbruchs**, wonach der arglistig Täuschende den Schutz der Rechtsordnung nicht verdient.
- Ähnlich umstritten ist das Verhältnis von **Mängelgewährleistung und culpa in contrahendo** (§§ 280 I, 311 II, 241 II BGB). Da der Verkäufer seit der Schuldrechtsreform auch im Gewährleistungsrecht schon für einfache Fahrlässigkeit Schadenersatz leisten muss, hat sich das Problem praktisch entschärft. Wegen der unterschiedlichen Verjährungsfristen (§ 438 BGB bzw. §§ 195, 199 BGB) wird aber immer noch diskutiert:
  - Dabei können die ersten beiden Argumente der herrschenden Ansicht übernommen werden: Die kurze Verjährung (§ 438 I Nr.3 BGB) und das Fristsetzungserfordernis würden unterlaufen.
  - Das auf § 442 I 2 BGB bezogene Argument ist zu modifizieren: Die Mängelrechte des Käufers sind nach § 442 I 2 BGB bereits bei grob fahrlässiger Unkenntnis des Mangels *ausgeschlossen*, während dieser Umstand bei culpa in contrahendo nur gemäß § 254 I BGB zu Anspruchs*kürzung* führen würde.
- Unproblematisch möglich ist eine Anfechtung natürlich dann, wenn sich der Anfechtungsgrund aus **§ 119 I BGB** (Inhalts- oder Erklärungsirrtum) ergibt oder wenn bei § 119 II BGB die anfechtungsbegründende **verkehrswesentliche Eigenschaft kein Sachmangel** im Sinne des § 434 BGB ist.
- Ebenso anerkannt ist, dass der **Verkäufer** in den Grenzen von Treu und Glauben (§ 242 BGB) jederzeit anfechten kann. Denn die Spezialnormen der §§ 434 ff BGB gelten nur für die Rechte des Käufers.

Fundstelle

MünchKomm/*Armbrüster* (2012), § 119 Rn. 29 ff.

24 Verhältnis von §§ 123 f BGB zu Schadenersatzansprüchen

P
§ 123
Rn 26 f.

Neben einem Anfechtungsrecht aus § 123 I, Fall 1 BGB können Schadenersatzansprüche aus §§ 823 II BGB i.V.m. § 263 StGB; 826 BGB; 280 I, 311 II, 241 II BGB (culpa in contrahendo) bestehen. Diese können auf Vertragsaufhebung gerichtet sein, § 249 I BGB. Umstritten ist,

Streitstand ⇨ **ob ein derartiger Schadenersatzanspruch zuzulassen ist.**

***Relevanz**: Das Problem entsteht insbesondere dann, wenn der Schadenersatzanspruch außerhalb der Anfechtungsfrist (§ 124 BGB) geltend gemacht wird.*

a) Exklusivitätstheorie

Teilweise wird ein Schadenersatzanspruch **abgelehnt**.

Argument:

- Ein Schadenersatzanspruch auf Rückgängigmachung des Vertrags kommt einer Anfechtung gleich, ohne dass das **Vorsatzerfordernis** von § 123 BGB oder die kurze **Anfechtungsfrist** nach § 124 BGB beachtet werden müssten. Diese **Umgehung ist unzulässig**. (Stichwort: ***Umgehungsverbot***)

b) Kumulationstheorie

Insbesondere die Rechtsprechung hält einen solchen Schadenersatzanspruch für **möglich**.

Argument:

- Anfechtung und Schadenersatz sind **völlig verschieden** und beeinflussen sich daher nicht gegenseitig: (Stichwort: ***Verschiedenartigkeit***)
  - **Unterschiedliche Funktionen:** Jene dient dem Schutz rechtsgeschäftlicher Entscheidungsfreiheit, dieser dem Schutz vor Schäden aus schuldhaften Pflichtverletzungen.
  - **Unterschiedliche Tatbestandsvoraussetzungen:** Der Schadenersatzanspruch setzt einen Schaden voraus.
  - Gegenüber dem Schadenersatzanspruch ist der **Einwand des Mitverschuldens** möglich, nicht gegenüber Anfechtung.
  - § 124 BGB ist **Ausschlussfrist**, der Schadenersatzanspruch unterliegt hingegen der **Verjährung**, §§ 195, 199 BGB.

Fundstelle: MünchKomm/*Armbrüster* (2012), § 123 Rn. 90 ff.

25 Zurechnung von typischerweise aktenmäßig vorhandenem Wissen in Unternehmen

P
§ 166
Rn 8

Das Stellvertretungsrecht beruht (nach ganz überwiegender Auffassung) auf dem Repräsentationsprinzip: Nur die Rechtsfolgen treten in der Person des Vertretenen ein, für die Kenntnis oder das Kennenmüssen bestimmter Umstände kommt es nach § 166 I BGB auf die Person des Vertreters an. Die Zurechnung von Wissen spielt insbesondere in Unternehmen eine große Rolle. Anerkannt ist, dass **Organwissen** zugleich Wissen des Unternehmens ist (***arg. § 31 BGB***) und dass **Wissen des konkret beteiligten Vertreters** nach § 166 I BGB zugerechnet werden kann. Das gleiche gilt für die Kenntnis des sogenannten **Wissensvertreters**. Wissensvertreter ist derjenige, der mit der Erledigung der betreffenden Aufgabe in eigener Verantwortung betraut ist: § 166 I BGB gilt dann analog. Die Vierte Stufe der Wissenszurechnung betrifft **typischerweise aktenmäßig vorhandenes Wissen**. Auch dieses ist grundsätzlich zurechnungsfähig. Dabei ist aber umstritten, ob solches Wissen auch dann zugerechnet wird,

Streitstand ⇨ **wenn dessen Aufzeichnung versehentlich vergessen wurde.**

a) Theorie vom verlorengegangenen Wissen

Die Zurechnung von typischerweise aktenmäßig festgehaltenem Wissen ist nach der Rechtsprechung und der überwiegenden Auffassung dann **ausgeschlossen**, wenn **versehentlich** vergessen wurde, die Information aktenmäßig festzuhalten. (Stichwort: ***verlorengegangenes Wissen***)

Argument:

- Wer mit einer am Rechtsverkehr teilnehmenden Organisation einen Vertrag schließt, soll **nicht schlechter, aber auch nicht besser** stehen, als wenn er einer natürlichen Person gegenübersteht. (Stichwort: ***Gleichstellungsargument***) **Unvergesslichkeit** wäre bloße **Wissensfiktion**.

b) Zurechnungstheorie

Teilweise wird für **unbeachtlich** gehalten, ob der Mitarbeiter die Information tatsächlich aktenmäßig festgehalten oder dies fahrlässig vergessen hat.

Argumente:

- Bloße „Nachlässigkeit" **ändert nichts an der Qualität** einer Information als typischerweise aktenmäßig festgehaltenes Wissen.
- Mit dem dogmatischen Ausgangspunkt in § 166 I BGB ist eine Wissenszurechnung gerade **unabhängig vom Verschulden** statuiert. (Stichwort: ***166***)

Hinweise

- **Welche** Informationen zum Kanon des typischerweise aktenmäßig festgehaltenen Wissens gehören, richtet sich nach deren **Bedeutung** für den Geschäftsbetrieb. Danach wird man auch die Dauer der Wissenszurechnung zu beurteilen haben.
- Umstritten ist, ob die Zurechnung typischerweise aktenmäßig festgehaltenen Wissens auch außerhalb von juristischen Personen, namentlich für **Personengesellschaften**, gilt.
  - Diese Frage wird teilweise verneint: Personengesellschaften seien nicht genügend organ- und körperschaftlich organisiert.
  - Dem wird entgegengehalten, dass eine Privilegierung der Personengesellschaft im Interesse wissensmäßigen Verkehrsschutzes nicht angemessen sei. Auch bei Personengesellschaften sei das Gleichstellungsargument einschlägig.
- Umstritten ist auch die **Wissenszurechnung unter Ehegatten**:
  - Nach einer Auffassung ist der Ehegatte bereits kraft intakter Ehe Wissensvertreter des anderen.
  - Überwiegend wird vorausgesetzt, dass ein Ehegatte den anderen mit der Angelegenheit betraut hat.
- Ein **Sonderproblem** der Wissenszurechnung stellt die Frage dar, ob eine Arglisthaftung kraft Wissenszurechnung möglich ist. (dazu *Flume*, AcP 197 [1997], 441)
  - Die Rechtsprechung **befürwortet** auch die Annahme von Arglist kraft Wissenszurechnung. Die Arglistannahme kraft Wissenszurechnung sorge für eine angemessene Risikoverteilung bei Beteiligung von Organisationen am Rechtsgeschäft. Logisch begriffliche Stringenz müsse zugunsten einer wertenden Beurteilung zurückstehen.
  - Dagegen wird vorgetragen, Arglist setze ein **voluntatives Element** voraus, das **nur bei wirklicher Kenntnis** erfüllt sei. Die Wissenszurechnung könne aber allenfalls einen Fahrlässigkeitsvorwurf begründen. Wenn die Rechtsprechung zur Begründung der Arglisthaftung auf eine interessengerechte Risikoverteilung abstelle, werde der Arglisttatbestand aufgegeben. (Stichwort: ***Tatbestandsauflösung***)

Fundstellen

Reischl, JuS 1997, 786; *Michaelis*, JA 1998, 465

26 Willensmängel bei Weisungserteilung und § 166 II BGB

P
§ 166
Rn 12

§ 166 II BGB schränkt die Regel aus § 166 I BGB ein, damit der „Bösgläubige" nicht durch Einschaltung eines gutgläubigen Vertreters die sich aus seiner Bösgläubigkeit ergebenden Rechtsfolgen umgehen kann. (Stichwort: ***Umgehungsschutz***) Anders als § 166 I BGB nimmt § 166 II BGB aber nur „Umstände" in Bezug, nicht jedoch Willensmängel. Daher ist umstritten,

Streitstand ⇨ **ob § 166 II BGB** analog **auf Willensmängel des Vertretenen anzuwenden ist, wenn der Willensmangel gerade die Weisung des Vertretenen an den Vertreter beeinflusst hat.**

Beispiel: *Der Geschäftsgegner bringt den Vertretenen durch arglistige Täuschung dazu, den Vertreter anzuweisen, ein bestimmtes Geschäft abzuschließen. Nach § 166 I BGB kommt es auf die Person des Vertreters an. Dieser ist aber nicht getäuscht worden. (*s. etwa MünchKomm/*Schramm* (2012), § 166 Rn. 58)

a) Theorie vom maßgeblichen Vertreterwillen

Teilweise wird für richtig gehalten, § 166 II BGB **nicht** auf Willensmängel des Vertretenen analog anzuwenden.

Argumente:

- Der **klare Wortlaut** von § 166 II BGB, der gerade in Abgrenzung zu § 166 I BGB besticht, lässt für eine Analogie mangels Regelungslücke keinen Raum. (Stichwort: ***Wortlaut***)
- **Nur** der Vertreter gibt eine eigene Willenserklärung ab. Daher können nur Mängel seines Willens relevant sein. (Stichwort: ***Kopplung von Wille und Erklärung***)

b) Theorie vom maßgeblichen Geschäftsherrenwillen

Ganz überwiegend wird § 166 II BGB auf Willensmängel des Vertretenen **analog angewendet**. Bei Willensmängeln des Vertretenen bei der Erteilung der Weisung könne dieser das Vertretergeschäft selbst anfechten.

Argument:

- Maßgeblich ist nach dem **Rechtsgedanken aus § 166 I BGB** immer die Bewusstseinslage derjenigen Person, auf deren Entschließung der Geschäftsabschluss beruht. Beim weisungserteilenden Vertretenen kommt es daher auf **dessen** Geschäftswillen an.

27 Geschäft für den, den es angeht und Offenkundigkeitsprinzip

P
§ 164
Rn 8

Als Geschäft für den, den es angeht, bezeichnet man Geschäfte des Mittlers, ohne dass dem Gegner das Mittlungsverhältnis offengelegt wird. Trotzdem sollen die Rechtsfolgen bei diesem „**Sonderfall der Stellvertretung**" beim Vollmachtgeber eintreten. Umstritten ist,

Streitstand ⇨ **ob die Konstruktion des Geschäfts für den, den es angeht, mit dem Offenkundigkeitsprinzip des Stellvertretungsrechts vereinbar ist.**

Beispiel: *A gibt B Geld, damit er für ihn Brötchen kaufe. Dies tut B bei C, ohne A zu erwähnen. C übergibt die Brötchen an B. Wer ist Eigentümer der Brötchen?*

a) Zulässigkeitstheorie

Nach ganz überwiegender Auffassung wird das Institut des Geschäfts für den, den es angeht, für **zulässig** gehalten und eine Durchbrechung des Offenkundigkeitsprinzips hingenommen.

Argumente:

- Die Schutzfunktion des Offenkundigkeitsprinzips ist nicht einschlägig, wenn dem Geschäftsgegner die Person des Geschäftsherrn gleichgültig ist. (Stichwort: ***Schutzbedürfnis***)
- Die **Eindeutigkeit der Rechtszuordnung** wird **nicht** durch das stellvertretungsrechtliche Offenkundigkeitsprinzip gewahrt, **sondern** durch das sachenrechtliche Publizitätsprinzip.
- Durch Geschäfte für den, den es angeht, kann ein oft nicht gewollter Durchgangserwerb beim Vertreter vermieden werden. (Stichwort: ***Vermeidung Durchgangserwerb***)

b) Ablehnende Theorie

Teilweise wird das Geschäft für den, den es angeht, für **unzulässig** gehalten.

Argument:

- Sinn und Zweck des Offenkundigkeitsprinzips liegen nicht nur im Schutz des Vertragspartners, sondern auch **des Rechtsverkehrs**. (Stichwort: ***doppelte Schutzwirkung***) Die Rechtszuordnung soll positiv und objektivierbar klargestellt werden. (Stichwort: ***eindeutige Rechtszuordnung***) Insoweit ist das mangelnde Interesse des Vertragspartners an präziser Kenntnis des Geschäftsherrn irrelevant.

Hinweise

- Das Geschäft für den, den es angeht, wurde vor allem im **Sachenrecht** bei der Güterzuordnung entwickelt. Umstritten ist, ob es **auch für Schuldverträge** anzuerkennen ist.
    - **Dafür** wird vorgetragen, dass auch beim schuldrechtlichen Geschäft das Interesse des Geschäftsgegners an der Kenntnis des Geschäftsherrn fehlen könne. Dies sei insbesondere bei Bargeschäften des täglichen Lebens der Fall, wenn die Leistungen sofort ausgetauscht werden.
    - **Dagegen** wird eingewandt, dass der Ausnahmecharakter des Geschäfts für den, den es angeht, eine weitere Ausdehnung verbiete. Verpflichtungsgeschäfte seien bereits mit einem Risiko behaftet, das Verfügungen fehle, denn deren Erfolg trete anders als bei Verfügungen nicht sogleich mit Abschluss des Geschäfts ein, sondern erst in der Zukunft. Diese Unsicherheit dürfe nicht noch durch zusätzliche Unklarheit über die Person des Schuldners vergrößert werden. Anders als möglicherweise bei der Güterzuordnung, wo Durchgangserwerb vermieden werden soll, bestehe bei der Begründung von schuldrechtlichen Ansprüchen auch kein Bedürfnis, von den gesetzlichen Vorschriften des Vertretungsrechts abzuweichen.
- Nach **§ 1357 I 1 BGB** ist jeder Ehegatte berechtigt, Geschäfte zur angemessenen Deckung des Lebensbedarfs der Familie mit Wirkung auch für den anderen Ehegatten zu besorgen. Berechtigt und verpflichtet werden nach § 1357 I 2 BGB ohne weiteres beide Ehegatten. Die sogenannte **Schlüsselgewalt** nach § 1357 BGB ist damit aber nach überwiegender Auffassung eine gesetzliche Verpflichtungsermächtigung und gerade keine Stellvertretung. (Stichwort: ***Wirkungserstreckung statt -verlagerung***).
- Das Geschäft für den, den es angeht, setzt voraus, dass der Handelnde die **Fremdwirkung will**. Dabei ist umstritten, ob der **Fremdwirkungswille** nach außen hin dokumentiert werden muss. (s. *K. Schmidt*, JuS 1987, 425)
    - Selten wird vertreten, der **bloße innere Wille genüge**. Wenn dem Geschäftsgegner sein Vertragspartner gleichgültig ist, dann sei es auch unnötig, den Fremdwirkungswillen nach außen hin zu dokumentieren.
    - Überwiegend wird vertreten, der Fremdwirkungswille müsse nach außen hin dokumentiert werden. Sei gar kein Fremdbezug des Geschäfts erkennbar, werde der Handelnde selbst Vertragspartei. Das Offenkundigkeitsprinzip schütze auch den Rechtsverkehr, der auf eine **eindeutige Zuordnung** von Rechten und Pflichten angewiesen sei. Deshalb müsse nach **objektiven** Kriterien erkennbar sein, für wen gehandelt wurde und wessen Rechtskreis betroffen ist.

28 Form der Vollmacht des Bürgen

P
§ 167
Rn 2

Nach § 167 II BGB ist die Vollmacht grundsätzlich formfrei. (Stichwort: ***Grundsatz der Formfreiheit***) Sie ist dem Abstraktionsprinzip entsprechend insbesondere nicht abhängig von der Einhaltung der Form des Grundgeschäfts. Jedoch werden Einschränkungen von § 167 II BGB diskutiert. Umstritten ist namentlich,

Streitstand ⇨ **ob die Bevollmächtigung zur Bürgschaftsübernahme der Form des § 766 BGB bedarf.**

a) Erstreckungstheorie

Rechtsprechung und überwiegende Auffassung stellen das Formerfordernis nach **§ 766 BGB auch für die entsprechende Vollmacht** auf. § 167 II BGB sei im Lichte von § 766 BGB teleologisch zu reduzieren.

Argumente:

- Bereits die Vollmachtserteilung begründet das Risiko, dass der Nachteil eintritt, vor dem § 766 BGB schützen soll. (Stichwort: ***bürgschaftsersetzende Vollmacht***)
- Die Warnfunktion des § 766 BGB besteht **ausschließlich** im Schutzinteresse des Bürgen. Deshalb ist es anders als bei § 311b I 1 BGB gerechtfertigt, nicht nur unwiderrufliche, sondern alle Vollmachten der Formvorschrift zu unterwerfen. (Stichwort: ***Abgrenzung zu 311b I 1***)

b) Theorie der formfreien Bevollmächtigung

Teilweise wird die Bevollmächtigung zur Bürgschaftsübernahme **nicht** der Formvorschrift des § 766 BGB unterworfen.

Argumente:

- Die Erstreckung des Formerfordernisses aus § 766 BGB auf die Bevollmächtigung würde die **gesetzliche Regel aus § 167 II BGB aushebeln**. (Stichwort: ***167 II***)
- Mit Vollmachtserteilung tritt der Nachteil noch nicht ein, vor dem § 766 BGB schützen soll. (Stichwort: ***fehlende Unmittelbarkeit***) Dem Vollmachtgeber verbleibt die Möglichkeit, den **Vertreter zu steuern**.
- So, wie dem Vertretenen nach § 166 I BGB Kenntnis und Unkenntnis des Vertreters **zugerechnet** werden, wird **dem Bürgen auch der Schutz des**

§ 766 BGB durch seinen Repräsentanten vermittelt. (Stichwort: ***vermittelter Formschutz***)

Hinweise

- Weitgehend anerkannt ist hingegen, dass das Formerfordernis für das Grundgeschäft auf die Bevollmächtigung erstreckt wird, wenn die Vollmacht **unwiderruflich** erteilt wird oder zur **tatsächlichen Bindung des Vollmachtgebers** führt. In diesem Fall werde der Vollmachtgeber bereits „vorab" gebunden, so dass der Formschutz bereits „vorab" wirksam werden müsse. (Stichwort: ***vorweggenommenes Vertretergeschäft***)
- Teilweise wird auch vertreten, dass Formvorschriften für das Vertretergeschäft mit **Warnfunktion generell** auf die Erteilung entsprechender Vollmachten zu erstrecken seien. Andernfalls werde deren Warnfunktion ausgehebelt. Die pauschale Regelung des § 167 II BGB knüpfe doktrinär nur an die Trennung von Vollmacht und Vertretungsgeschäft an und berücksichtige nicht, dass die **Vollmacht erst durch das in ihrer Ausübung realisierte Vertretergeschäft ihren Sinn gewinne**. In diesen Fällen, etwa in §§ 311b I, 518, 766, 780 f. BGB, begründe bereits die Vollmachtserteilung das Risiko, dass derjenige Nachteil eintrete, vor dem die Formvorschriften warnend schützen sollen. Überwiegend wird darin jedoch (zu Unrecht) eine **zu weitgehende Einschränkung von § 167 II BGB** gesehen.
- Der Erteilung einer Vollmacht **gleich stehen** die Gestattung des Selbstkontrahierens i.S.v. **§ 181 BGB** sowie die Genehmigung des durch einen *falsus procurator* im Namen des Bürgen abgegebenen Bürgschaftsversprechens, **§ 177 BGB**. Entsprechend dem oben referierten Streitstand wird man dann eine **teleologische Reduktion von § 182 II BGB** zu erwägen haben.
- Nach der Rechtsprechung kann dem Formerfordernis des § 766 BGB nicht dadurch Genüge getan werden, dass der Bürge dem Gläubiger seine Erklärung **per Telefax** übermittelt. Dafür spreche bereits der Wortlaut von § 766 S. 1 BGB („Erteilung"). Auch der Zweck der Vorschrift, den Bürgen zu größerer Vorsicht anzuhalten und ihn vor nicht ausreichend überlegten Erklärungen zu sichern, mache eine **formstrenge Auslegung** der Vorschrift erforderlich. Zugehen i.S.v. § 130 I BGB müsse daher die eigenhändige Namensunterschrift oder das notariell beglaubigte Handzeichen nach § 126 I BGB.

Fundstelle

Rösler, NJW 1999, 1150

29 Anfechtbarkeit einer betätigten Vollmacht

P
§ 167
Rn 3

Auf Vollmachtserteilungen finden die Vorschriften über Willenserklärungen Anwendung, insbesondere §§ 119, 123 BGB. **Vor** Abschluss des Vertretergeschäfts ist eine Anfechtung jedoch wenig bedeutsam, da die Vollmachtserteilung regelmäßig frei widerruflich ist, § 168 S. 2 BGB. **Nach** Abschluss des Vertretergeschäfts hingegen wird die Anfechtung wegen ihrer Wirkung *ex tunc*, § 142 I BGB, interessant. Umstritten ist allerdings,

Streitstand ⇨ **ob eine betätigte Vollmacht überhaupt noch wirksam angefochten werden kann.**

a) Ausschlusstheorie

Teilweise wird die nachträgliche Anfechtbarkeit einer Bevollmächtigung **verneint**.

Argumente:

- Um dem Dritten nicht seine Ansprüche gegen den Vertretenen zu nehmen ist das Anfechtungsrecht zum Schutz des Vertreters und Dritten teleologisch zu reduzieren (Stichwort: ***Schutz von Geschäftsgegner und Vertreter***)
- Eine Beschränkung des *ex tunc* wirkenden Anfechtungsrechts ist auch in anderen Rechtsbereichen anerkannt, etwa bei der Anfechtung von **vollzogenen Gesellschafts- oder Arbeitsverträgen**.
- Die Vollmachtsanfechtung ist wirtschaftlich gegen das Vertretergeschäft gerichtet. Wenn dieses aber selbst nicht anfechtbar ist, darf der Vertretene dies nicht auf dem Umweg der Vollmachtsanfechtung erreichen. Denn das **widerspräche insbesondere §§ 166 I, II BGB**.

b) Anfechtungstheorie

Überwiegend wird die betätigte Vollmacht für **anfechtbar** gehalten.

Argumente:

- Die erste Ansicht ist mit dem **Wortlaut des Gesetzes** nicht vereinbar. Nach § 167 BGB ist die Bevollmächtigung eine eigene, vom Vertretergeschäft getrennte Willenserklärung. (Stichwort: ***selbständiges Rechtsgeschäft***)
- Das **Anfechtungsrisiko** trägt im Ergebnis der Vertretene: Zwar hat der Vertreter dem Geschäftsgegner nach § 179 III BGB den Vertrauensschaden zu ersetzen, er kann aber in der Regel beim Vertretenen nach § 122 BGB Regress nehmen. (Stichwort: ***angemessene Risikoverteilung***)

Fundstelle: *Brox*, JA 1980, 449

30 Anfechtungsgegner bei Anfechtung betätigter Innenvollmachten

P
§ 167
Rn 3

Wenn man die Anfechtbarkeit der betätigten Vollmacht bejaht, stellt sich die Folgefrage nach dem richtigen Anfechtungsgegner i.S.v. § 143 BGB. Dabei ist anerkannt, dass die Anfechtung einer **Außenvollmacht** i.S.v. § 167 I, Fall 2 BGB dem Geschäftspartner gegenüber zu erklären ist. Umstritten ist hingegen,

Streitstand ⇨ **wer der richtige Anfechtungsgegner bei betätigten Innenvollmachten ist.**

a) Geschäftsgegner-Lösung

Teilweise wird die Auffassung vertreten, dass die Anfechtung immer gegenüber dem **Geschäftsgegner** zu erklären sei.

Argument:

- Im **wirtschaftlichen wie rechtlichen Ergebnis** will der Vertretene die Bindung aus dem vom Vertreter für ihn abgeschlossenen Geschäft beseitigen. Analog § 143 II BGB ist daher der Geschäftspartner richtiger Anfechtungsgegner. (Stichwort: ***143 II***)

b) Vertreter-Lösung

Teilweise wird als richtiger Anfechtungsgegner der **Vertreter** gesehen.

Argumente:

- Nach § 143 III 1 BGB ist Anfechtungsgegner der **Empfänger** der Vollmachtserklärung. Das ist bei Innenvollmachten gemäß § 167 I, Fall 1 BGB der **Vertreter** und nur bei Außenvollmachten nach § 167 I, Fall 2 BGB der Vertragspartner. (Stichwort: ***143 III 1***)
- Ein **Wahlrecht besteht nicht**: § 167 I BGB gilt nur für die Vollmachtserteilung. Das Erlöschen ist jedoch „**erteilungsakzessorisch**" zu beurteilen.

c) Wahlrechts-Lösung

Teilweise wird es dem Vertretenen **zur Wahl gestellt**, ob er gegenüber dem Vertreter **oder** dem Geschäftspartner anfechten will.

Argument:

- Die Berechtigungen bei Vollmachtserteilung und -anfechtung sind gleich: Aus §§ 168 S. 3, 167 I BGB folgt, dass auch bei der Vollmachtsvernichtung ein originäres Wahlrecht des Geschäftsherrn besteht. Das wirkt sich entsprechend auf den richtigen Anfechtungsgegner nach § 143 III BGB aus.

d) Doppelanfechtungs-Lösung

Teilweise wird vertreten, die Anfechtung sei **sowohl** gegenüber dem Vertreter **als auch** gegenüber dem Geschäftsgegner zu erklären.

Argumente:

- Ungewissheiten sind weder Geschäftsgegner noch Vertreter zumutbar. Der Vertretene muss alles unternehmen, um sowohl Vertretergeschäft als auch Vollmachtserteilung zu beseitigen. (Stichwort: ***Vermeidung Ungewissheit***)
- Dogmatisch sind **§§ 142 II und III BGB kombiniert** anzuwenden.

Hinweis

Nach Anfechtung der betätigten Vollmacht würde gemäß § 179 II BGB der Vertreter ohne Vertretungsmacht dem Geschäftsgegner **auf das negative Interesse haften**. Der Vertreter ohne Vertretungsmacht könnte sich nach § 122 BGB beim anfechtenden Vollmachtgeber schadlos halten. Nach dieser Lösung trägt der Geschäftsgegner allerdings das **Insolvenzrisiko des Vertreters** ohne Vertretungsmacht, obwohl er nur mit dem Vollmachtgeber kontrahieren wollte. **Gar keinen Ersatzanspruch** hätte er für den Fall, dass der Vertreter ohne Vertretungsmacht minderjährig war, § 179 III 2 BGB.

Deshalb wird überwiegend vorgeschlagen, dem Geschäftsgegner einen Anspruch nach **§ 122 BGB direkt gegen den Vollmachtgeber** zu gewähren. (Stichwort: ***Durchgriffshaftung***) Dagegen wird vereinzelt eingewandt, der Anfechtungsfall sei nicht anders zu behandeln als derjenige insgesamt fehlender Vertretungsmacht. Hiergegen wird aber auf den Schutzzweck von § 122 BGB verwiesen: Im Fall der Anfechtung einer betätigten Vollmacht erscheine der Geschäftsgegner als Betroffener i.S.v. § 122 BGB, weil Vertretergeschäft und Vollmacht in einem inneren Zusammenhang stünden. Auch sei nicht einzusehen, dass der Geschäftsgegner nur deshalb schlechter stehe, weil der Vertretene nur Innen- und nicht Außenvollmacht erteilt habe. Im letzteren Fall wäre der Geschäftsgegner selbst anerkanntermaßen Erklärungsgegner i.S.v. § 122 BGB.

Folgt man der überwiegenden Auffassung, ist weiter streitig, ob der Vertreter ohne Vertretungsmacht **neben** dem Vollmachtgeber **weiterhaftet**. Teilweise wird eine **gesamtschuldnerische** Haftung befürwortet. Dagegen wird auf eine dann ungerechtfertigte Privilegierung des Geschäftsgegners hingewiesen. Auch bei der Anfechtung einer Außenvollmacht hätte er sich nur an den Vollmachtgeber wenden können. Im Übrigen passe § 179 BGB nicht auf den Fall der Vollmachtanfechtung. Der Vertreter könne nicht mit den Folgen des Irrtums des Vollmachtgebers belastet werden.

Fundstelle: Petersen, AcP 201 (2001), 373

31 Anfechtbarkeit der Vollmachtskundmachung (§§ 171 f. BGB)

P
§ 171
Rn 1

Wird die Vollmacht einem Dritten mitgeteilt oder wird sie bekanntgemacht, § 171 I BGB, oder liegt eine Urkundenaushändigung vor, § 172 I BGB, können diese Vollmachtsmitteilungen auf Willensmängeln beruhen. Dann ist umstritten,

Streitstand ⇨ **ob der Vertretene die Kundmachung i.S.d. §§ 171, 172 BGB anfechten kann.**

a) Anfechtbarkeitstheorie

Überwiegend ist man der Auffassung, dass die Vollmachtsmitteilung **anfechtbar** sei.

Argumente:

- Kundgabeakte i.S.v. §§ 171 f. BGB sind **rechtsgeschäftsähnliche Handlungen.** Auf sie finden die **Regeln über Willenserklärungen**, insbesondere über Nichtigkeit und Anfechtbarkeit, Anwendung.
- Der durch die Vollmachtskundgabe verursachte Rechtsschein kann **nicht stärker** wirken als die rechtsgeschäftlich erteilte Vollmacht. (Stichwort: ***Rechtsschein nicht stärker als Wirklichkeit***)

b) Theorie vom Anfechtungsausschluss

Teilweise wird vertreten, dass der durch Kundgabe der Vollmacht gesetzte Rechtsschein **nicht** im Wege der Anfechtung beseitigt werden könne.

Argument:

- Die §§ 171 f. BGB schützen einen Dritten, der kraft Rechtsscheins auf das Entstehen und Fortbestehen einer Vollmacht vertrauen darf. Mit diesem **Schutzzweck** ist die Möglichkeit einer Anfechtung unvereinbar, denn Rechtsscheinstatbestände sind nicht anfechtbar. (Stichwort: ***Schutzzweck Drittschutz***)

Hinweise

- Nicht zur Anfechtung berechtigt ein Irrtum über das Bestehen der mitgeteilten Vollmacht (Stichwort: ***unbeachtlicher Motivirrtum***) oder ein Irrtum über die Rechtsfolge der Mitteilung. (Stichwort: ***unbeachtlicher Rechtsfolgenirrtum***)
- Wenn man – anders als die überwiegende Auffassung – in der Kundmachung eine rechtsgeschäftliche Vollmachts**erteilung** sieht und nicht einen

bloß deklaratorischen Akt, muss konsequent auch deren Anfechtbarkeit bejaht werden.

- Ähnlich umstritten ist die **Anfechtbarkeit von Duldungsvollmachten**. Sie hängt von der Rechtsnatur der Duldungsvollmacht ab:
  - Teilweise wird vertreten, die Duldungsvollmacht sei ein Unterfall der stillschweigend **erklärten Vollmacht** und damit anfechtbar. Dafür wird auf den in diesem Fall eindeutigen Erklärungswert des Schweigens hingewiesen, Rechtswirkungen erzeugen zu wollen.
  - Überwiegend wird die Duldungsvollmacht als **Rechtsscheinsvollmacht** charakterisiert. Dafür spreche, dass Schweigen im Rechtsverkehr grundsätzlich kein Erklärungswert zukomme. Das Dulden gleiche vielmehr der Situation des § 172 BGB. Damit wäre der referierte Streitstand relevant. Allerdings wird regelmäßig allenfalls ein unbeachtlicher Rechtsfolgenirrtum vorliegen. So ist zu erklären, dass die Vertreter dieser Ansicht regelmäßig zu dem Schluss kommen, die Anfechtung des Rechtsscheins sei hier ausgeschlossen.
- Hinzuweisen ist noch auf die verallgemeinerbare Frage nach der **Anfechtbarkeit von Rechtscheinstatbeständen**, die auf einer abgegebener Willenserklärung aufbauen. (*Beispiele: Besitzüberlassung nach § 854 II BGB im Hinblick auf § 932 BGB, Anscheinsvollmacht, Scheinkaufmann, fehlerhafte Gesellschaft*) Dagegen kann immer vorgebracht werden, dass eine Anfechtbarkeit mit dem Schutzzweck der Vertrauenshaftung unvereinbar sei. Auch bietet sich der Hinweis an, es realisiere sich jeweils nur ein bewusst gesetztes Risiko, so dass gar keine unbewusste Abweichung, wie von § 119 I BGB vorausgesetzt, vorliege. Teilweise muss man sich aber mit dem Argument auseinandersetzen, dass der Rechtsschein nicht stärker wirken könne als die Wirklichkeit.
- Nach § 173 BGB ist der Schutz des Geschäftsgegners nach §§ 170, 171 II und 172 II BGB ausgeschlossen, wenn dieser das Erlöschen der Vertretungsmacht bei Vornahme des Rechtsgeschäfts **kennen muss**. Dabei ist der **Maßstab** für die geforderte Gutgläubigkeit umstritten.
  - Überwiegend wird Kennenmüssen i.S.v. § 122 II BGB als fahrlässige Unkenntnis verstanden.
  - Teilweise wird jedoch auch ein Evidenzmaßstab angelegt. Dafür wird auf eine Parallele zum Missbrauch der Vertretungsmacht verwiesen: Es gehe nicht um eine Sanktion für Verschulden, sondern um die Geltungskraft der Vertretungsmacht bei Zweifeln am Bestand der rechtsgeschäftlichen Legitimation. Diese sei erst erschüttert, wenn sich der Mangel geradezu aufdränge.

32 Anerkennung des Instituts der Anscheinsvollmacht

P
§ 167
Rn 1

Von einer Anscheinsvollmacht wird gesprochen, wenn der Geschäftsherr ein vollmachtloses Vertreterhandeln zwar nicht kannte, aber bei pflichtgemäßer Sorgfalt **hätte erkennen können** und der Geschäftsgegner **annehmen durfte**, dass der Geschäftsherr das Verhalten des „Vertreters" billige. Umstritten ist aber,

Streitstand ⇨ **ob das Institut der Anscheinsvollmacht überhaupt anzuerkennen ist.**

a) Theorie von der Anscheinsvollmacht

Rechtsprechung und überwiegende Auffassung **erkennen** das Institut **an**.

Argumente:

- Die Anscheinsvollmacht ist inzwischen **Gewohnheitsrecht**.
- Der Geschäftsherr trägt das **volle Organisationsrisiko**. Dem wird nur die Annahme einer echten Vollmacht gerecht. (Stichwort: ***Organisationsrisiko***)
- Die der Anscheinsvollmacht ähnlichen Tatbestände der **§§ 171 ff., 370 BGB, 56 HGB** bilden eine hinreichende Basis für eine **Gesamtanalogie**.

b) Nichtanerkennungslösung

Einige lehnen eine Anscheinsvollmacht **ab**. Angesichts der möglichen Haftung des Geschäftsherrn nach §§ 280 I, 311 II, 241 II BGB sei sie nicht notwendig.

Argumente:

- Nicht den Willen, sondern fahrlässiges Verhalten als Anknüpfungspunkt für Erfüllungsansprüche zu machen ist mit der **Privatautonomie** nicht vereinbar.
- Willenserklärung und Verschulden sind **verschiedene Kategorien**, die nicht miteinander vermischt werden dürfen. Nach dem System des BGB kann fahrlässiges Verhalten nur zu Sekundäransprüchen führen. (Stichwort: ***keine Primärpflichten durch Fahrlässigkeit***)
- Eine Analogie zu den Rechtsscheintatbeständen nach §§ 171 ff. BGB scheidet aus, da auch sie voraussetzen, dass der Rechtsschein **willentlich** gesetzt wurde. (Stichwort: ***keine Vergleichbarkeit zu 171 ff.***)

Fundstelle

MünchKomm/*Schramm* (2012), § 167 Rn. 54 ff.

33 Missbrauch der Vertretungsmacht und Umfang der Kenntnis des Vertreters

P
§ 164
Rn 13 f.

Überschreitet der Vertreter die ihm **im Innenverhältnis gezogenen Grenzen**, wirkt sich das für den Geschäftsgegner **grundsätzlich** nicht aus, solange der Vertreter innerhalb der ihm für das **Außenverhältnis** verliehenen Vertretungsmacht bleibt. Dann **bindet** das Rechtsgeschäft den Vertretenen. Diese Systematik dient dem Schutz des Geschäftsgegners. Er soll sich um das Innenverhältnis nicht sorgen müssen. Anerkannt ist, dass der Geschäftsgegner keinen Schutz verdient, wenn er **bösgläubig** ist. Das ist der Fall, wenn er **positiv wusste**, dass der Vertreter seine Geschäftsführungsbefugnis überschreitet **oder** dies **objektiv evident** war, sich also durch massive Verdachtsmomente geradezu aufgedrängt hat. (Stichwort: ***Missbrauch der Vertretungsmacht***) Umstritten ist jedoch,

Streitstand ⇨ **ob die Anwendung der Grundsätze über den Missbrauch der Vertretungsmacht zusätzlich ein Verschulden des Vertreters voraussetzt.**

a) Vorsatztheorie

Teilweise wird verlangt, dass der **Vertreter** die ihm im Innenverhältnis gesetzten Grenzen **bewusst überschreitet**. Nur dann schade dem Geschäftsgegner seine eigene Bösgläubigkeit.

Argumente:

- Handelt der Vertreter im **Glauben** an seine Geschäftsführungsbefugnis, liegt **gerade kein Missbrauchsfall** vor. (Stichwort: ***kein Missbrauch bei Gutgläubigkeit***)
- Allein pflichtwidriges Verhalten des Geschäftsgegners führt noch nicht zu einem Missbrauchsfall, da es **nicht verboten** ist, einen Informationsvorsprung zum geschäftlichen Vorteil gegenüber dem Vertretenen zu verwenden. (Stichwort: ***Vorteilsnutzung erlaubt***)
- Fahrlässiger oder schuldloser „Missbrauch“ liegen **im Bereich der Lebenserfahrung** und müssen daher vom Vertretenen hingenommen werden.

b) Irrelevanztheorie

In der Literatur wird überwiegend vertreten, dass auf Seiten des Vertreters **keine Voraussetzungen** bestehen, um einen Missbrauchsfall anzunehmen.

Argumente:

- Das Institut vom Missbrauch der Vertretungsmacht dient der **Durchbrechung des Schutzes des Geschäftsgegners** durch das Vertretungsrecht. Ob dieser schutzwürdig ist oder nicht, richtet sich **allein nach seiner Person**. (Stichwort: ***Schutzwürdigkeit allein des Geschäftsgegners***)
- Würde der Missbrauch der Vertretungsmacht Vorsatz beim Vertreter voraussetzen, rückte man diese Fallgruppe bereits in die **Nähe der Kollusion**.
- Beim Missbrauch der Vertretungsmacht geht es nicht um eine Sanktion für Fehlverhalten des Vertreters. (Stichwort: ***keine Vertretersanktion***) Deshalb muss die Überschreitung der Vertretungsmacht ihm auch **nicht zurechenbar** sein. Ein Risiko der Eigenhaftung des Vertreters besteht gemäß **§ 179 III 1 BGB** ohnehin nicht.

c) Differenzierende Theorie

Die Rechtsprechung differenziert: **Grundsätzlich** sei ein Verschulden des Vertreters **irrelevant**. Handele es sich jedoch um eine **gesetzlich unbeschränkbare Vertretungsmacht** (etwa: §§ 49, 50, 126, 161 II HGB, 37 GmbHG), müsse der Vertreter **vorsätzlich** gehandelt haben.

Argument:

- Die Durchbrechung der Systematik des Vertretungsrechts ist bei kraft Gesetzes unbeschränkbarer Vertretungsmacht im Interesse der **Rechtssicherheit** nur ganz ausnahmsweise zulässig. Deshalb ist in diesen Fällen **zusätzlich** das Verhalten des Vertreters zu berücksichtigen.

Hinweis

Selten wird auf Seiten des **Geschäftsgegners** bereits bei **einfacher Fahrlässigkeit** über die Anwendung der Grundsätze über den Missbrauch der Vertretungsmacht nachgedacht:

- Wer selbst fahrlässig handle, sei nicht schutzwürdig, so dass die Abstraktheit der Vollmacht durchbrochen werden könne.
- Dagegen wird hervorgehoben, dass dem Geschäftsgegner gerade keine Prüfungspflicht auferlegt werden dürfe, ob das Rechtsgeschäft vom Innenverhältnis gedeckt sei. Die gesetzliche Trennung von Innen- und Außenverhältnis könne nicht leichtfertig aufgegeben werden. Auch liege bei einfacher Fahrlässigkeit begrifflich kein „Missbrauch“ vor.

Fundstelle

MünchKomm/*Schramm* (2012), § 164 Rn. 106 ff. (113)

34 Rechtsfolgen des Missbrauchs der Vertretungsmacht

P
§ 242
Rn 49

Umstritten sind ferner

Streitstand ⇨ **die Rechtsfolgen des Missbrauchs der Vertretungsmacht.**

a) Rechtsmissbrauchstheorie

Überwiegend wird dem Vertretenen beim Missbrauch der Vertretungsmacht **die Einrede der unzulässigen Rechtsausübung** aus § 242 BGB zugestanden.

Argumente:

- Die Bindung des Vertretenen **nur nach Erhebung** der Einrede entfallen zu lassen, ist der **verhältnismäßige Ausgleich** zwischen Abstraktheit der Vollmacht und fehlender Schutzwürdigkeit des Geschäftsgegners.
- Wenn die Gegenauffassung vom Grundgeschäft auf die abstrakte Vollmacht schließt, ist dies **dogmatisch unhaltbar**. (Stichwort: ***Abstraktionsprinzip***)

b) Vertretungsmachtslösung

Teilweise ist man der Auffassung, in Missbrauchsfällen **entfalle die Vertretungsmacht** insoweit, wie sie im Innenverhältnis nicht gedeckt sei. Das Geschäft sei damit zunächst schwebend unwirksam und könne vom Vertretenen **genehmigt werden, § 177 BGB analog**.

Argumente:

- Probleme der Vertretungsmacht müssen **innerhalb der Regeln zur Stellvertretung** gelöst werden. (Stichwort: ***Lösung innerhalb 164 ff.***)
- Eine Einschränkung des Abstraktionsgrundsatzes zu Lasten des **nicht schutzwürdigen Geschäftsgegners** ist in diesem Fall gerechtfertigt.

Hinweis

Die *Rechtsprechung* hält zusätzlich **§ 254 BGB** für anwendbar, v.a. wenn der Missbrauch auf mangelnde Kontrolle des Vertretenen zurückzuführen sei. *Dagegen* wird vorgetragen, dass § 254 BGB nicht auf Erfüllungsansprüche passe. Letztere sind unteilbar und verschuldensunabhängig. Denkbar sei allenfalls ein Anspruch des Geschäftsgegners aus §§ 280 I, 311 II, 241 II BGB.

Fundstelle: Staudinger/*Schilken* (2009) § 167 Rn. 100 ff.

35 Untervollmacht und Auftreten im Namen des Hauptbevollmächtigten

P
§ 167
Rn 12

Ein Hauptvertreter kann **im Namen des Vertretenen** einem anderen eine sog. Untervollmacht erteilen, wenn seine eigene Vertretungsmacht dies erlaubt. Der Unterbevollmächtigte kann dann **im Namen des Vertretenen** mit Wirkung für und gegen diesen handeln. (Stichwort: ***unmittelbare Untervertretung***) Umstritten ist hingegen,

Streitstand ⇨ **ob die Bevollmächtigung des Untervertreters durch einen im eigenen Namen handelnden Hauptvertreter dazu führt, dass ein Handeln des Untervertreters im Namen des Hauptvertreters für und gegen den Vertretenen wirkt.**

a) Durchgangstheorie

Die Rechtsprechung erkennt diese **mittelbare Untervertretung** an. (Stichwort: ***„Vertreter des Vertreters"***)

Herleitung:

- Jedermann darf für sich selbst einen Stellvertreter bestellen, § 164 I 1 BGB.
- Rechtswirkungen des vom Untervertreter geschlossenen Geschäfts wirken gleichsam durch den Hauptvertreter **entsprechend der Vollmachtsverhältnisse** durch. (Stichwort: ***Vollmachtskette***)

b) Unmittelbarkeitstheorie

Ganz überwiegend wird ein Recht des Hauptvertreters, im eigenen Namen eine den Geschäftsherren bindende Vollmacht zu erteilen, **abgelehnt**.

Argumente:

- Jeder kann zwar **für sich selbst** Vertreter bestellen, **jedoch nicht** mit der Wirkung, dass diese Vertreter Rechtsfolgen **für einen Dritten** (hier den Hauptvertretenen), herbeiführen können. (Stichwort: ***keine Drittvertretung***)
- Das Recht zur Bestellung von Vertretern, die den Vertretenen binden, kann der Hauptbevollmächtigte **nur aus der ihm zustehenden Vertretungsmacht** ableiten. Dann muss er aber gerade **im Namen des Vertretenen** handeln, § 164 I BGB. Dann wirken die Rechtsgeschäfte des Untervertreters aber auch **unmittelbar für und gegen den Vertretenen**; die Person des Hauptvertreters hat mit diesen Wirkungen nichts zu tun.

Fundstelle: MünchKomm/*Schramm* (2012), § 167 Rn. 95 ff.

36 Haftung des Untervertreters bei Mängeln der Hauptbevollmächtigung

P
§ 179
Rn 3

Bei Haftungsfragen im Zusammenhang mit Unterbevollmächtigungen ist zu differenzieren: Anerkannt ist, dass **bei fehlender Untervollmacht** der Unterbevollmächtigte nach § 179 BGB verantwortlich ist. Dasselbe gilt bei Mängeln in Haupt- **und** Untervollmacht. Umstritten ist aber

Streitstand ⇨ **die Haftung des Untervertreters, wenn nur die Hauptvollmacht Mängel aufweist.**

a) Differenzierungstheorie

Rspr. und Literatur differenzieren danach, ob die **Untervertretung offengelegt wurde oder nicht**. Nur in letzterem Fall hafte der Untervertreter nach 179 BGB.

Argumente:

- *Rspr:* Bei offener mehrstufiger Vertretung treffen die Wirkungen des Geschäfts den Vertretenen nur **durch die Person des Hauptbevollmächtigen (HBV) hindurch**. Allein der HBV ist daher Vertreter ohne Vertretungsmacht.
- *Lit:* Will der Unterbevollmächtigte **erkennbar nur für die Untervollmacht einstehen**, besteht kein Bedarf für eine gesonderte Haftung.
- Der Untervertreter ist wie der Geschäftsgegner **schutzwürdig**: Auch er vertraute auf das Bestehen der Hauptvollmacht, und regelmäßig konnte er die Vertretungsmacht des Hauptvertreters **nicht leichter nachprüfen** als der Geschäftsgegner. (Stichwort: ***Schutzwürdigkeit des Untervertreters***)

b) Haftungstheorie

Ein anderer Teil der Literatur bejaht eine **Haftung des Untervertreters** auch dann, wenn die Unterbevollmächtigung offengelegt wurde.

Argumente:

- Der Wortlaut von § 179 BGB gilt **für jeden *falsus procurator*** ohne Einschränkung. (Stichwort: ***Wortlaut 179***)
- Auch der Untervertreter will ein Rechtsgeschäft mit dem Vertretenen zustande bringen. **Darauf** richtet sich auch das **Vertrauen des Geschäftsgegners**. Da die erwünschte Wirkung des Vertretergeschäfts vom Bestehen der Hauptvollmacht abhängt, muss der Untervertreter **auch für deren Fehlen** eintreten. (Stichwort: ***Schutzwürdigkeit Geschäftsgegner***)

Fundstelle: *BGHZ* 68, 391

37 Teleologische Reduktion von § 181 BGB auf Fälle mit Interessenkonflikt

P
§ 181
Rn 2

§ 181 BGB verbietet Insichgeschäfte und beugt damit Interessenkollisionen vor. Umstritten ist,

Streitstand ⇨ **ob § 181 BGB auch auf Fälle anwendbar ist, in denen eine Interessenkollision nicht besteht.**

a) Interessentheorie

Überwiegend wird § 181 BGB im Wege teleologischer Reduktion **nicht angewendet**, wenn keine Interessenkollision vorliegt. Dies sei namentlich **bei lediglich rechtlich vorteilhaften Rechtsgeschäften** i.S.v. § 107 BGB der Fall.

Argumente:

- Nach den anerkannten Grundsätzen der Methodenlehre können im Wege teleologischer Reduktion Fälle aus dem Anwendungsbereich einer Norm ausgeschlossen werden, die **vom Normzweck nicht erfasst** sind: Wenn ein Rechtsgeschäft dem Vertretenen lediglich rechtliche Vorteile bringt, ist eine **Interessenkollision** von vornherein **ausgeschlossen**. (Stichwort: ***Normzweck***)
- Die Nichtanwendung von § 181 BGB beeinträchtigt auch nicht die **Verkehrssicherheit**, weil das Kriterium des lediglich rechtlichen Vorteils **abstrakte Gültigkeit** hat. (Stichwort: ***Rechtssicherheit gewährleistet***)

b) Formale Theorie

Teilweise wird eine teleologische Reduktion des § 181 BGB auf Fälle mit Interessenkollision **abgelehnt**.

Argumente:

- Der Tatbestand von § 181 BGB enthält die Interessenkollision gerade **nicht als Tatbestandsmerkmal**, sondern knüpft an die **Personenidentität** an. Dann nämlich **vermutet** der Gesetzgeber einen Interessenwiderstreit. (Stichwort: ***gesetzliche Vermutung bei Personenidentität***)
- Personenidentität ist im Interesse der **Verkehrssicherheit** vom Gesetzgeber als Anknüpfungspunkt gewählt worden. Diese Entscheidung darf nicht einfach umgangen werden. (Stichwort: ***keine Gesetzesumgehung***)

Hinweise

- Überwiegend wird der Anwendungsbereich von § 181 BGB im Wege der Analogie **erweitert**, wenn trotz **fehlender** Personenidentität eine vergleichbare Interessenkollision vorliegt. (***Beispiel:*** *Der Vertreter bestellt einen Vertreter für sich selbst und nimmt das Rechtsgeschäft mit diesem vor.*)
- Bei **Schenkungen von vermieteten Grundstücken der Eltern an den Minderjährigen** entsteht folgendes Problem:

  Dingliche Seite: Die Auflassung des vermieteten Grundstücks ist für den Minderjährigen wegen § 566 BGB rechtlich nachteilig. Zwar haben die Eltern als gesetzliche Vertreter konkludent eingewilligt (denkbar wäre auch, dass die Eltern selbst als Vertreter ihres Kindes handeln). Die Einwilligung könnte jedoch wegen Verstoßes gegen das Verbot des Selbstkontrahierens nach § 181 BGB nichtig sein (in Vertretungsvariante s. §§ 1629 II, 1795 II, 181 BGB). Allerdings gestattet § 181 aE BGB das Selbstkontrahieren, wenn es ausschließlich in der Erfüllung einer Verbindlichkeit besteht.

  Schuldrechtliche Seite: Das ist hier der Fall, denn der Grundstückserwerb erfolgt in Erfüllung des Schenkungsversprechens. Dieses war auch wirksam, denn das Schenkungsversprechen war lediglich rechtlich vorteilhaft, weil § 566 BGB nur an den Erwerb des Grundstücks (§§ 873, 925 BGB) anknüpft.

  Problem: Dadurch würde die **Bestellung eines Ergänzungspflegers**, § 1909 I BGB, trotz rechtlich nachteiliger Auflassung im Ergebnis umgangen.

  - Der **BGH** lehnt deshalb diese gesamte Konstruktion ab: Bei Schenkungen sei eine **Gesamtbetrachtung** vorzunehmen: Führe die Gesamtschau von Schenkung und Verfügung zu rechtlichen Nachteilen, sei **bereits das Schenkungsversprechen** unwirksam und damit § 181 aE BGB gar nicht einschlägig. (Beachten Sie zu dieser Frage auch BGHZ 161, 170 ff.)
  - In dieser Rechtsprechung wird ein Verstoß gegen das Trennungsprinzip gesehen, weil die Wirksamkeit des Kausalgeschäfts von der Wirkung des Erfüllungsgeschäfts abhängig gemacht werde. Der Gegenvorschlag lautet daher, das Schenkungsversprechen zwar als wirksam anzusehen, jedoch § 181 aE BGB einer **teleologischen Reduktion** zu unterwerfen: § 181 aE BGB sei nur dann anwendbar, wenn das Erfüllungsgeschäft für den Minderjährigen lediglich rechtlich vorteilhaft sei. Andernfalls sei ein Ergänzungspfleger, § 1909 I BGB, durch das Vormundschaftsgericht zu bestellen.

Fundstelle: *Stürner*, AcP 173 (1973), 402, 442 ff.

38 Einseitige Rechtsgeschäfte ohne Zustimmung

P
§ 182
Rn 5

Wird ein einseitiges Rechtsgeschäft mit der erforderlichen Einwilligung vorgenommen, kann der Adressat es zu Fall bringen, wenn die Einwilligung nicht schriftlich vorgelegt wurde und er es aus diesem Grund **nach §§ 182 III, 111 S. 2 BGB zurückweist**. Umstritten ist,

Streitstand ⇨ **ob ein einseitiges Rechtsgeschäft, das ohne die erforderliche Zustimmung vorgenommen wurde, nichtig oder schwebend unwirksam ist.**

a) Nichtigkeitstheorie

Überwiegend wird vertreten, dass einseitige Rechtsgeschäfte, die ohne Zustimmung vorgenommen wurden, **unheilbar nichtig** seien.

Argument:

- Die Nichtigkeitsfolge ist im Gesetz zwar nur für einzelne Fälle in §§ 180 S. 1, 111 S. 1 BGB ausgesprochen. Dies muss aber im Wege der **Gesamtanalogie** allgemein gelten (Stichwort: ***allgemeiner Rechtsgedanke 111, 180***), weil die schwebende Unwirksamkeit von Rechtsgeschäften, die der Gegner nicht beeinflussen kann, für ihn unerträglich wäre. (Stichwort: ***Gewissheitsinteresse***)

b) Eingeschränkte Nichtigkeitstheorie

Teilweise wird vertreten, dass Nichtigkeit nur vorliege, wenn bei der Erklärung nicht auf die Zustimmung Bezug genommen wurde. Ansonsten sei das Rechtsgeschäft schwebend unwirksam. (Stichwort: ***„Bezugnahmeschweben"***)

Argumente:

- Da § 182 III BGB **nur auf § 111 S. 2 und 3 BGB verweist** und § 111 S. 1 BGB gerade ausnimmt, ist es verwehrt, auf generelle Nichtigkeit zu erkennen. (Stichwort: ***gerade kein 111 S. 1***)
- Das Gewissheitsinteresse des Empfängers fordert nicht immer unheilbare Nichtigkeit: Die **Möglichkeit der Genehmigung** ergibt sich **analog § 180 S. 2 und 3 BGB**, wenn der Empfänger die behauptete Einwilligung nicht beanstandet hat oder er mit der Vornahme des Geschäfts (zunächst) ohne Einwilligung einverstanden war.

Fundstelle: MünchKomm/*Schramm* (2012), § 182 Rn. 32

39 Konkludente Annahme bei unbestellt zugesandten Sachen (§ 241a BGB)

P
§ 241a
Rn 6

§ 241a I BGB schließt Ansprüche gegen den Verbraucher bei unbestellt zugesandten Sachen aus. Es ist umstritten, ob

Streitstand ⇨ **trotz § 241a I BGB die Ingebrauchnahme von unbestellt zugesandten Sachen als Annahme gewertet werden kann.**

a) Theorie der Annahmehandlung

Vereinzelt wird vertreten, die Annahmeerklärung des Verbrauchers könne **konkludent**, etwa durch Benutzung des zugesandten Gegenstands, erfolgen.

Argumente:

- § 241a BGB schließt nur eine konkludente Annahme des Vertragsangebots **durch Schweigen** aus. Darüber hinaus gelten aber allgemeine Grundsätze.
- Der vollständige Ausschluss einer konkludenten Vertragsannahme ist **nicht interessengerecht**: Behält und benutzt der Empfänger die Sache, ist er **nicht mehr schutzwürdig**. (Stichwort: ***Interessengerechtigkeit***)

b) Theorie der ausdrücklichen Annahme

Überwiegend wird vertreten, dass Zueignungs- und Gebrauchshandlungen entgegen dem Grundsatz von § 151 BGB **keine konkludente Annameerklärung** darstellen könnten. Ein Vertrag komme nur zustande, wenn der Verbraucher zahle oder ausdrücklich die Annahme erkläre.

Argument:

- Der Verbraucher darf die Ware beliebig nutzen und gebrauchen, ohne Ansprüchen des Unternehmers ausgesetzt zu sein, § 241a BGB. Dann können aber solche Verhaltensweisen auch nicht zum (konkludenten) Vertragsschluss führen. (Stichwort: ***Wertung 241a***)

Hinweis

Zu den sachenrechtlichen Implikationen von § 241a BGB siehe **Juristische Streitstände Kompakt**, **Sachenrecht**, Nr. 11.

Fundstellen

MünchKomm/*Finkenauer* (2012), § 241a Rn. 16; *Lorenz* in: Festschrift für Lorenz (2001), 193 (197 f.)

40 Berufung auf Formnichtigkeit und Treu und Glauben (§ 242 BGB)

P
§ 125
Rn 16

Nach § 125 S. 1 BGB ist ein unter Verstoß gegen gesetzliche Formvorschriften geschlossenes Rechtsgeschäft **grundsätzlich nichtig**. Umstritten ist,

Streitstand ⇨ **ob die Nichtigkeitsfolge auch dann eintritt, wenn der Geschäftsgegner den Formmangel hervorgerufen und die Unwesentlichkeit der Form behauptet hat.**

Im Interesse der Rechtssicherheit ist anerkannt, dass Formvorschriften nicht einfach mit dem Grundsatz von Treu und Glauben überspielt werden dürfen.

a) Wirksamkeitstheorie

Überwiegend wird für richtig gehalten, dass der Grundsatz von Treu und Glauben, § 242 BGB, der Beachtung der Formnichtigkeit **in Ausnahmefällen** entgegenstehen kann. Dies sei aber nur der Fall, wenn die Folgen der Nichtanerkennung des Rechtsgeschäfts für den anderen nicht nur hart, sondern **schlechthin untragbar** wären.

Argument:

- Der **Einwand der unzulässigen Rechtsausübung** beherrscht die gesamte Rechtsordnung. So wie ein Wegfall der Geschäftsgrundlage zum Ausschluss von Erfüllungsansprüchen führen kann, kann § 242 BGB zum *Nicht*-Ausschluss von Erfüllungsansprüchen führen.

b) Nichtigkeitstheorie

Teilweise wird vertreten, ein formnichtiger Vertrag sei **immer unwirksam**. Jedoch könne ein einseitiger **gesetzlicher Anspruch** auf Erfüllung in Form von Schadenersatz bestehen.

Argumente:

- Führt eine Partei die Formnichtigkeit eines Vertrages schuldhaft herbei, so **missbraucht sie nicht die Formschrift, sondern das Vertrauen der anderen Partei**. Die Lösung des Problems kann daher nicht innerhalb der Formvorschriften liegen. (Stichwort: ***Problemansatz → Vertrauen***)
- Die Unterscheidung der Rechtsprechung zwischen harten und schlechthin untragbaren Ergebnissen ist rational nicht nachvollziehbar. (Stichwort: ***Abgrenzungsproblem***)

Hinweise

- Nicht mehr vertreten wird die sogenannte **Irrelevanztheorie**. Nach ihr sollten bewusst herbeigeführte Formmängel keine besonderen Rechtsfolgen zeitigen.
- Ein "schlechthin untragbares Ergebnis" nimmt die Rechtsprechung nicht nur bei arglistiger Täuschung und anderen besonders schweren Treuepflichtverletzungen an, sondern beispielsweise auch bei Existenzgefährdung eines Vertragsteils (vgl. BGH NJW 1954, 1241; NJW 1972, 1189).
- In der Tendenz wird bei **Verfügungen** eher als bei obligatorischen Rechtsgeschäften die Berufung auf Treu und Glauben versagt. Dafür wird auf die Verkehrssicherheit verwiesen.
- Zur Problematik des **Schadenersatzes** nach der Nichtigkeitstheorie bei von einer Partei verschuldetem Formverstoß (hier am Beispiel von § 311b I BGB): Denkbar ist, einen Anspruch auf **Auflassung als Naturalrestitution** im Wege des Schadenersatzes wegen schuldhafter Verursachung der Unwirksamkeit des Vertrages zu gewähren. Anspruchsgrundlage wären §§ 280 I, 311 II, 241 II BGB i.V.m. § 249 I BGB. Das würde den Formmangel aber **letztlich doch unbeachtlich machen**.
  - Teilweise wird deshalb das **Erfüllungsinteresse** insgesamt für **nicht** ersatzfähig gehalten.
  - Überwiegend wird dagegen für richtig gehalten, den Betroffenen in Geld so zu stellen, wie er wirtschaftlich bei ordnungsgemäßer Vertragserfüllung stünde. (Stichwort: ***nur Geld, keine Realleistung***)
  - Auch §§ 823 II BGB i.V.m. 263 I StGB und § 826 BGB kommen als Anspruchsgrundlage in Betracht.

Fundstelle

MünchKomm/*Einsele* (2012), § 125, Rn. 56 ff.

41 Bindungswirkung der Konkretisierung gemäß § 243 II BGB für den Schuldner

P
§ 243
Rn 7

Konkretisierung tritt ein, wenn der Schuldner das zur Leistung einer erfüllungstauglichen (§ 243 I BGB, § 360 HGB) Sache „seinerseits" – d.h. nach der Art der (Hol-/Schick-/Bring-)Schuld zu bestimmende – „Erforderliche" getan hat. Die dadurch erzielte Beschränkung der ursprünglichen Gattungsschuld auf das Konkretisierte ist für den Schuldner heute zwar nicht mehr unter dem Aspekt des Verschuldens günstig (vgl. § 279 BGB aF). Entscheidender Vorteil (zB für den Eintritt von Unmöglichkeit) ist aber noch immer die mit der Konkretisierung verbundene **Milderung seiner Verantwortlichkeit**.
Die Wirkung des § 243 BGB ist für den Verkäufer aber *auch nachteilig*, führt sie doch zum **Verlust der Dispositionsfreiheit**. Insbesondere hat er nur noch im Konsens mit dem Gläubiger die Möglichkeit, die Leistung mit einer anderen als der konkretisierten Sache zu erbringen (sog. Leistung an Erfüllungs statt, § 364 I BGB). Umstritten ist daher,

Streitstand ⇨ **ob der Schuldner die einmal erfolgte Konkretisierung wieder rückgängig machen kann (Entkonkretisierung).**

a) Bindungswirkungstheorie

Nach einer Auffassung ist die Konkretisierung **nicht rückgängig** zu machen.

Argumente:

- Der **Wortlaut** des § 243 II BGB („... so beschränkt sich das Schuldverhältnis auf diese Sache") spricht für eine Bindungswirkung.
- Bei einer Entkonkretisierung hätte der Schuldner die Möglichkeit, auf Kosten des Gläubigers zu spekulieren. (Stichwort: ***Spekulationsargument***)
- Die Figur der Konkretisierung ist mit der Hinterlegung vergleichbar: Auch hier tritt in der Regel noch keine Erfüllung ein (vgl. §§ 376, 378 BGB) und auch hier beschränkt sich das Schuldverhältnis letztlich auf die hinterlegte Sache (§ 379 I BGB). Nur in § 379 III BGB hat sich der Gesetzgeber aber für eine Rückgängigmachung entschieden. (Stichwort: **379 III e contrario**)

b) Entkonkretisierungstheorie

Anderer Ansicht nach bekommt der Gläubiger durch die Konkretisierung noch keinen unentziehbaren Anspruch auf ein bestimmtes Stück. Die Konkretisierung wirke **lediglich *für* den Schuldner, nicht *gegen* ihn**. Sie sei daher aufhebbar.

Argumente:

- Wer einseitig auf die Schuld einwirken kann, muss dies auch rückgängig machen können. (Stichwort: ***actus-contrarius-Gedanke***)
- Eine „Spekulation auf Kosten des Gläubigers" läge nur vor, wenn die Sache bereits dem Gläubiger zugeordnet wäre, dies ist aber gerade die Frage. (Stichwort: ***Spekulationsargument ist petitio principii***)
- Es ist wenig sinnvoll, dem Gläubiger einerseits ein schutzwürdiges Interesse gerade an der konkretisierten Ware zuzusprechen, und ihm andererseits vorzuwerfen, mit dessen Geltendmachung in der Regel gegen § 242 BGB zu verstoßen. Auch erhielte der Gläubiger einen Anspruch, von dessen Bestehen er (mangels Kenntnis von der Konkretisierung) in der Regel nichts weiß. (Stichwort: ***unglückliche Konstruktion des Gläubigeranspruchs***)
- Hierfür sprechen auch wirtschaftliche Gründe: Dem Schuldner entstehen zusätzliche Lager-/Transportkosten, die er nicht notwendig nach § 304 BGB erstattet bekommt. (Stichwort: ***zusätzliche Kosten***)
- Nach der Gegenauffassung brächte Konkretisierung *nach Annahmeverzug* dem Schuldner ausschließlich Nachteile. Der Verlust der Dispositionsfreiheit wird in diesem Fall nämlich nicht durch den Vorteil des Gefahrübergangs aufgewogen, da letzterer dann bereits durch § 300 II BGB eingetreten ist. (Stichwort: ***Konkretisierung bei 300 II nur nachteilig***)

Hinweise

- Vermittelnde Auffassungen stellen v.a. auf die **Parteivereinbarung** ab und differenzieren nach Fallgruppen: Danach entfällt eine Bindungswirkung zB, wenn der Gläubiger die Ersatzware grundlos zurückweist oder ausdrücklich billigt. Anderes soll bei gemeinsamer Vornahme der Konkretisierung bzw. bei Anzeige an oder Prüfung durch den Gläubiger gelten.
- Auch die Vertreter der Entkonkretisierungstheorie erkennen eine Bindungswirkung dann an, wenn eine entsprechende vertragliche Abrede vorliegt oder der Gläubiger bereits Besitz an der Sache hat.
- Die Frage ist letztlich, ob Konkretisierung eine Gattungsschuld endgültig zur Stückschuld umformt oder ob (als zusätzliche dogmatische Kategorie) bis zur Erfüllung/Entkonkretisierung eine „vorläufig konkretisierte Gattungsschuld" entsteht.

Fundstellen

Medicus, JuS 1966, 297; *Canaris*, JuS 2007, 793

42 Nutzungsausfall als ersatzfähiger Vermögensschaden (Kommerzialisierung)

P Vorb. v § 249 Rn 10 ff.

Wird eine Sache beschädigt, kann der Geschädigte sie bis zur Reparatur oder Ersatzbeschaffung nicht nutzen. Hatte er die Sache *erwerbswirtschaftlich* eingesetzt, kann er entgangenen Gewinn geltend machen, § 252 BGB. Beim Einsatz *zu privaten Zwecken* sind zwar im Rahmen der Naturalrestitution die Kosten für Ersatzsachen (zB Mietwagen) nach § 249 II 1 BGB zu ersetzen. Falls der Geschädigte sich jedoch ohne Inanspruchnahme einer Ersatzsache anderweitig behilft, stellt sich die umstrittene Frage, ob die ihm dadurch entstehenden Unannehmlichkeiten ein *Nicht*vermögensschaden sind oder

Streitstand ⇨ **ob die fehlende oder geminderte Nutzungsmöglichkeit einer Sache als solche ein ersatzfähiger *Vermögens*schaden ist.**

Bsp.: B zerstört den Pkw des A; dieser erledigt nunmehr alles per Fahrrad.

a) Theorie vom immateriellen Schaden

Ein Teil der Literatur geht von einem **Nicht**vermögensschaden aus.

Argumente:

- Bei einer am Vermögensbestand orientierten **Differenzrechnung** ist der zeitweise Verlust des Eigengebrauchs einer Sache nicht zu berücksichtigen.
- Erhielte der Geschädigte, der auf die ihm zustehende Naturalherstellung verzichtet, Ersatz für die ihm dadurch entstehenden immateriellen Unbequemlichkeiten, würde er durch das Schadensereignis **bereichert**.
- Die grundlegende **Wertung des § 253 I BGB** darf nicht dadurch umgangen werden, dass aus einem bestimmten Genuss ein *Vermögens*gut wird, nur weil viele bereit sind, hierfür Vermögenswerte aufzuwenden.
- Die abstrakte Nutzbarkeit von Sachen darf nicht anders behandelt werden als die der eigenen Arbeitskraft. Für letzte gilt aber **§ 842 BGB**, wonach nur für tatsächlich erlittene Nachteile Ersatz zu gewähren ist.

b) Kommerzialisierungsthese

Überwiegend sieht man Nutzungsmöglichkeiten als **ersatzfähig** an; sie seien „kommerzialisierte“ wirtschaftliche Vorteile, die jederzeit erkauft werden können.

Argumente:

- Um mit der wertneutralen Differenzmethode einen gerechten Schadensausgleich zu erreichen, sind die einzusetzenden **Rechnungsposten normativ**

zu bestimmen. Wesen und Bedeutung des Vermögens erschöpfen sich nämlich nicht in dessen Bestand, sondern umfassen auch die Nutzbarkeit für den Vermögensträger. So hat zB die zeitweise Unbenutzbarkeit einer Sache Einfluss auf ihren Verkaufswert. (Stichwort: ***funktionale Zuweisung***)

- Der Geschädigte hätte jederzeit einen Ersatzgegenstand anmieten können. Seine Sparsamkeit ist belohnenswert; sie soll nicht allein den Schädiger entlasten. (Stichwort: ***Prämie für Sparsamkeit***)
- Der **Telos von § 253 I BGB**, Schwierigkeiten bei der Bezifferung von Nichtvermögensschäden zu vermeiden, steht nicht entgegen: Zur Berechnung gibt es am Markt anerkannte Sätze für mietweise Überlassungen.
- **Aus § 252 BGB** ist **kein Umkehrschluss** für eigenwirtschaftliche Nutzungen zu ziehen, denn er stellt nur im Vergleich zu früheren Kodifikationen klar, dass das gesamte Vermögensinteresses auszugleichen ist.

Hinweis

- Die Rspr. folgt der zweiten Ansicht, macht aber **wichtige Einschränkungen**:
  - Zum einen passe der Kommerzialisierungsaspekt über Pkw hinaus **nur für solche Sachen**, *„auf deren ständige Verfügbarkeit die eigenwirtschaftliche Lebenshaltung angewiesen ist“*, also für *„Wirtschaftsgüter von allgemeiner, zentraler Bedeutung für die Lebenshaltung“*.
    - Ansonsten würde die Ersatzpflicht unangemessenen ausgeweitet. Der Geschädigte soll ja an dem Schadensereignis nichts „verdienen“.
    - Teile der Literatur *kritisieren* sowohl die Subsumtionsfähigkeit als auch die normative Rechtfertigung dieser Voraussetzung, denn eine atypische Lebensführung sei nicht minder schutzwürdig.
  - Zudem müsse die **Nutzungsbeeinträchtigung fühlbar** sein, notwendig seien also der *Wille* und die hypothetische *Möglichkeit* zur Nutzung. Bei Pkw fehle Letztere zB während eines Krankenhausaufenthalts.
    - *Hierfür* wird die Notwendigkeit einer konkreten Schadensbetrachtung angeführt, denn eine abstrakte Nutzungsentschädigung sei nur in den gesetzlich geregelten Fällen (§§ 288, 290, 849 BGB) möglich.
    - *Andere* sehen dagegen nicht ein, warum bei einem objektiven Gut die Ersatzpflicht von subjektiver „Fühlbarkeit“ abhängen soll.

Fundstellen

BGHZ 98, 212; MünchKomm/*Oetker* (2012), § 249 Rn. 41 ff.

43 Beachtlichkeit von Reserveursachen (hypothetische Kausalität)

P Vorb. v § 249 Rn 96 ff.

Im Rahmen der Schadenszurechnung ist bis heute ungeklärt, ob ein Schädiger mit dem Einwand gehört wird, der von ihm verursachte Schaden wäre aufgrund eines anderen Ereignisses ohnehin eingetreten, ob also der wirkliche Schadensstifter durch eine Reserveursache entlastet werden soll.
Unstreitig *beachtlich* sind Reserveursachen nicht nur in den gesetzlich geregelten Fällen der **§§ 287 S. 2, 848 BGB** und bei der Berechnung des entgangenen Gewinns (**§ 252 S. 2 BGB**, hier schadens*erhöhend*), sondern auch dann, wenn der beschädigten Sache bzw. verletzten Person bereits vor der Schädigung eine wertmindernde Reserveursache innewohnte (sog. Schadensanlage, zB Baufälligkeit oder unheilbare Krankheit) und der Schädiger den Schadenseintritt lediglich beschleunigt hat (**überholende Kausalität**). Hier haftet der Schädiger nur für den Schaden, der durch die Beschleunigung der Schadensentwicklung entsteht. Bei Personen ist zudem § 844 II BGB zur Berechnung des Schadens aus fortwirkenden Erwerbsminderungen zu beachten.
Ebenso anerkannt ist, dass Reserveursachen *unbeachtlich* sind, wenn sie selbst einen **Ersatzanspruch des Geschädigten gegen einen Dritten** ausgelöst hätten. Denn das Ausbleiben dieses Anspruchs ist ein Schaden, den der Erstschädiger ersetzen muss. Außerhalb dieser Sonderfälle ist umstritten,

Streitstand ⇨ **ob Reserveursachen im Rahmen der Schadenszurechnung beachtlich sind.**

Bsp.: *Ein Taxi erleidet einen Totalschaden, wäre aber eine Stunde später in einer Garage verbrannt. Der Inhaber verlangt Wert- und Nutzungsersatz.*

a) Einbeziehungstheorie

Teilweise wird vertreten, hypothetische Schadensereignisse seien immer zu **berücksichtigen**. Nur wenn Schadenersatzansprüche bereits erfüllt worden seien, könne das Geleistete nicht nach §§ 812 ff. BGB zurückgefordert werden.

Argumente:

- Eine dem Wortlaut von **§ 249 I BGB** entsprechende, konsequente Anwendung der **Differenztheorie** gebietet die Einbeziehung aller schadensrelevanten Faktoren bis zum Zeitpunkt der Abrechnung.
- Nach **§ 252 S. 2 BGB** sind schadens*erhöhende* Faktoren einzubeziehen, Gleiches muss für haftungs*mindernde* hypothetische Umstände gelten.
- Ziel der §§ 249 ff. BGB ist ein gerechter Schadensausgleich, Sanktionsgedanken sind dem BGB fremd. (Stichwort: ***Sanktionen = Strafrecht***)

- Für eine Differenzierung nach Schadensarten wie nach dem gegliederten Schadensbegriff des Gemeinen Rechts enthält das Gesetz keine Stütze.

b) Theorie der Nichtberücksichtigung

Zum Teil sollen Reserveursachen grundsätzlich **nicht** zu berücksichtigen sein.

Argumente:

- Mit der Erstursache entsteht der Schadenersatzanspruch. Spätere Einwirkungen haben nur in den gesetzlich geregelten Fällen schuldtilgende Kraft. (Stichwort: ***287 S. 2 und 848***)
- Der Geschädigte trägt nach dem Schadensfall das Forderungsrisiko. Ihm auch das Sachrisiko zuzumuten, ist unbillig. (Stichwort: ***Risikoverteilung***)
- Die (hier zuerst genannte) Einbeziehungstheorie führt zu Anreizen für den Schädiger, bestehende Schadenersatzansprüche nicht zu erfüllen.

c) Vermittelnde Theorie der Schadensarten

Die überwiegende Ansicht differenziert: Bei näheren, unmittelbaren „**Objektschäden**" an der geschädigten Sache oder Person selbst seien Reserveursachen irrelevant (insoweit Theorie 2). Bei entfernteren, mittelbaren „**Vermögensfolgeschaden**" seien sie jedoch beachtlich (hier Theorie 1).

Argumente:

- Bei Objektschäden tritt der Ersatzanspruch in Geld mit dem Schadensfall an die Stelle des zerstörten Objekts (Stichwort: **Rechtsfortsetzungsgedanke**).
- Vermögensfolgeschäden entwickeln sich dagegen im Lauf der Zeit (zB Erwerbsausfall, entgangene Nutzungen und entgangener Gewinn).

Hinweise

- Vereinzelt unterscheidet man nach **§ 249** (-) *oder* **§ 251 BGB** (+) oder schlägt den **Verschuldensgrad** des Schädigers oder die **Adäquanz** der hypothetischen Schadensursache als Differenzierungskriterium vor.
- Die Beweislast für die die Reserveursache begründenden Umstände trägt nach überwiegender Meinung der Schädiger (vgl. zB §§ 287 S. 2, 848 BGB).

Fundstelle

Larenz, Schuldrecht I (1987), § 30 I (S. 523-527)

44 § 254 II 2 BGB als Rechts*grund*- oder Rechts*folgen*verweisung

P
§ 254
Rn 49

Weitgehend anerkannt ist, dass sich § 254 II 2 BGB entgegen seiner systematischen Stellung sowohl auf Handlungen bei der Schadensabwendung (§ 254 II 1 BGB) als auch -entstehung (§ 254 I BGB) bezieht. Dies ist verständlich, weil weder ein sachlicher Grund für eine Differenzierung ersichtlich ist, noch beide Fälle trennscharf abzugrenzen sind. **§ 254 II 2 BGB** ist daher als „Redaktionsversehen" anzusehen und **wie ein selbständiger dritter Absatz zu lesen**.

Fraglich ist jedoch, ob für eine Verschuldensanrechnung ein *bereits bestehendes Schuldverhältnis* notwendig ist. Umstritten ist also,

Streitstand ⇨ **ob § 254 II 2 BGB Rechts*grund*- oder Rechts*folgen*verweisung ist.**

Bsp.: Der fünfjährige (§ 828 I BGB) K wird von Autofahrer A angefahren. Ist das Aufsichtsverschulden der Eltern zu berücksichtigen?

a) Rechtsfolgentheorie

Einige bejahen eine Verschuldensanrechnung **auch ohne Schuldverhältnis**.

Argumente:

- Die Formulierung „**entsprechende**" Anwendung in § 254 II 2 BGB macht deutlich, dass gerade keine bestehende Sonderverbindung notwendig ist.
- Bei der Frage des Mitverschuldens geht es um **Sorgfaltsverhalten**, für das **auch außerhalb von Schuldverhältnissen** eine Notwendigkeit besteht.

b) Rechtsgrundtheorie

Die ständige Rechtsprechung und ein Teil der Literatur setzen ein **bestehendes Schuldverhältnis** voraus. Fehle ein solches, dann greife allenfalls § 831 BGB analog.

Argumente:

- § 278 BGB findet „entsprechende" Anwendung, da es um *Obliegenheiten*, nicht um echte Pflichten geht. (Stichwort: ***Wortlaut jedenfalls mehrdeutig***)
- Bei Fehlen eines Schuldverhältnisses hat der *Schädiger* nur im Rahmen von § 831 BGB für Gehilfen einzustehen. Gleiches muss für den *Geschädigten* im Rahmen von § 254 BGB gelten. (Stichwort: ***Äquivalenzgedanke***)

- Die vom Gesetzgeber mit § 828 II BGB bezweckte Besserstellung von Kindern im Straßenverkehr kann nur gelingen, wenn man Ersatzansprüche des Kindes über § 254 BGB nur mindert, wenn es deliktsfähig ist.
- Der §§ 4 HaftpflG, 6 I ProdHaftG und 9 StVG hätte es sonst nicht bedurft.

Hinweise

- Vermittelnd wird eine **Differenzierung zwischen Erfüllungsgehilfen** (dann Meinung 1) **und gesetzlichen Vertretern** (dann Meinung 2) vorgeschlagen, da letztere nicht bewusst zur Wahrung der Belange des Geschädigten eingeschaltet werden.
- Im Rahmen der zweiten Ansicht wird zwar ein „Schuldverhältnis" vorausgesetzt, dieser Begriff dann aber zum Teil sehr weit verstanden. Etwas dem Schuldverhältnis „Ähnliches" soll genügen, zB auch Vereinsmitgliedschaften oder die Übernahme einer besonderen Funktion im Rechtskreis des Geschädigten (Bewahrungsgehilfe), nicht aber allgemeine Verkehrs(sicherungs)-pflichten. Ob eine Einbeziehung im Wege des Vertrages mit Schutzwirkung zugunsten Dritter genügt (vgl. hierzu auch die **STREITSTÄNDE 64 U. 65**), ist umstritten:
    - Die Rspr. bejaht dies, denn der Schutz des Dritten dürfe nicht weiter reichen als der des Hauptgläubigers.
    - Von der Literatur wird dies zum Teil für solche Fälle abgelehnt, in denen der Geschädigte eigene deliktsrechtliche Ansprüche gegen den Schädiger hat. Denn die Einbeziehung in den Schutz des Vertrages soll den Geschädigten *besser* stellen.
- Das Gleichbehandlungsargument der überwiegenden Ansicht (zweites Argument der zweiten Auffassung) wird konsequent durchgehalten: So finden auf den Geschädigten auch die §§ 827 f. BGB Anwendung. Beachten Sie bei juristischen Personen, Stiftungen und Personengesamtheiten zudem, dass überwiegend § 31 BGB entsprechend angewendet wird.
- Falls bei mehreren Schädigern nur zwischen einem der Schädiger und dem Gläubiger ein Schuldverhältnis besteht, das über § 254 II 2 BGB zur Verschuldensanrechnung führt, so soll dies nach der Rspr. auch zugunsten der anderen, nur deliktsrechtlich haftenden Schädiger wirken.

Fundstellen

Gernhuber, AcP 152 (1952/53), 69; MünchKomm/*Oetker* (2012), § 254 Rn. 127 ff.

45 Einordnung der wirtschaftlichen Unmöglichkeit in die Gesetzessystematik

P § 275 Rn 21, 10 f.

Von „wirtschaftlicher Unmöglichkeit" spricht man, wenn die Leistungserbringung dem Schuldner nicht zuzumuten ist, weil ihr Schwierigkeiten entgegenstehen, die die Opfergrenze überschreiten. Nach der Neuregelung des § 275 BGB einerseits und der Kodifikation der Grundsätze des Wegfalls der Geschäftsgrundlage in § 313 BGB andererseits ist umstritten,

Streitstand ⇨ **ob Fälle der wirtschaftlichen Unmöglichkeit über § 275 BGB oder § 313 BGB zu lösen sind.**

Bsp.: Die Entscheidung eines Autohersteller, ein neues Modell nur über ausgewählte Anbieter zu vertreiben führt zu horrenden Preisen. Muss V das Modell, das er dem K schon vor dieser überraschenden Entscheidung versprochen hat, um jeden Preis besorgen? (BGH NJW 1994, 515)

a) Wahlrechtstheorie

Vereinzelt wird vertreten, der Schuldner habe ein **Wahlrecht**.

Argument:

- Beide Regelungen bezwecken den Schutz des Schuldners vor untragbaren Belastungen und müssen ihm daher kumulativ zustehen. (Stichwort: ***Schuldnerschutz***)

b) Geschäftsgrundlagentheorie

Mehrheitlich löst man Fälle der wirtschaftlichen Unmöglichkeit über **§ 313 BGB**.

Argumente:

- Bereits die **tatbestandlichen Bezugspunkte** sprechen für § 313 BGB: Im Rahmen von § 275 II BGB ist v.a. der Aufwand des Schuldners mit dem *Leistungsinteresse des Gläubigers* in Bezug zu setzen. Letzteres ist aber bei wirtschaftlicher Unmöglichkeit regelmäßig extrem erhöht. Bei § 313 BGB kommt es dagegen auf Schuldneraufwand und Gläubigergegenleistung an.
- Der **Gesetzgeber** wollte die bisherige Rechtslage nicht ändern, d.h. an dem Wegfall der Geschäftsgrundlage festhalten (BT-Drucks. 14/6040, S. 130).
- § 313 BGB (Rechtsfolge: Vertragsanpassung) bietet eine **flexiblere Handhabung** und stärkt den Grundsatz **pacta sunt servanda**.

Hinweise

- Teilweise wird eine **Abgrenzung von Fall zu Fall** anhand der Rechtsfolgen befürwortet: Danach soll § 313 BGB dann greifen, wenn eine Vertragsanpassung sinnvoll erscheint. Dies schafft jedoch erhebliche Rechtsunsicherheit.
- Von dem Streitstand zu trennen ist die **Frage, welches Institut spezieller ist**: Zwar gilt § 313 BGB systematisch nur für vertragliche Schuldverhältnisse. Andererseits stellt sich die Frage nach Vertragsanpassung logisch nur dann, wenn die Leistungspflicht nicht bereits nach § 275 BGB entfällt.
- Ebenfalls umstritten ist die Einordnung von Fällen, in denen der Schuldner die Leistung aus Gewissensgründen verweigert. Die überwiegende Ansicht geht (auch) hier davon aus, dass § 275 **III** BGB in seinem Anwendungsbereich, also insbesondere bei höchstpersönlichen Pflichten des Schuldners, lex specialis gegenüber § 313 BGB ist.
- Streit herrscht auch über die Frage, wie Fälle **vorübergehender Unmöglichkeit** zu behandeln sind:
  - V.a. die Rspr. will diese Fälle der dauernden Unmöglichkeit gleichstellen, wenn „die Erreichung des Vertragszwecks [...] in Frage gestellt wird und deshalb dem Vertragsgegner die Einhaltung des Vertrages nicht zugemutet werden kann..." (so zuletzt BGH WM 2005, 1232-1235). *Hierfür* wird das Interesse der Parteien angeführt, über ihr Geld und ihre Arbeitskraft anderweitig verfügen zu können (Stichwort: ***Dispositionsinteresse***).
- *Dagegen* spricht aber, dass dann **bei Vertretenmüssen ipso iure ein Schadenersatzanspruch** aus §§ 280 I, III, 283 BGB bestünde, obwohl beide Parteien ein Interesse an späterer Leistungserbringung haben können. Daher wollen andere diese Konstellationen nach Verzugsgrundsätzen lösen. Dabei sei aber der Rechtsgedanke des § 275 BGB ergänzend zu berücksichtigen. Prozessuale Besonderheit sei so zB die Verurteilung nicht zur sofortigen, sondern zur künftigen Leistung (vgl. § 259 ZPO). Für diese Lösung spricht, dass der Gläubiger – anders als im bis 2002 geltenden Recht – heute auch bei Verzug den ungewissen Zustand mittels **Fristsetzung** beenden kann. Zudem wird er durch §§ 320 f. BGB davor geschützt, leisten zu müssen.

Fundstellen

Canaris, JZ 2001, 499 (501); *Schulze/Ebers*, JuS 2004, 265 (267 f.)

46 Notwendigkeit subjektiver Vorwerfbarkeit für Fahrlässigkeit

P
§ 276
Rn 15

Fahrlässiges Handeln ist in § 276 II BGB legaldefiniert. Die „Erforderlichkeit" der Sorgfalt im Verkehr ist objektiv – ggf. auch durch typisierende Fallgruppenbildung – zu bestimmen. Umstritten ist,

Streitstand ⇨ **ob für eine Haftung wegen Fahrlässigkeit zusätzlich subjektive Vorwerfbarkeit nötig ist.**

a) Subjektive Theorie der individuellen Vorwerfbarkeit

Einige fordern, der Handlungserfolg müsse **individuell vorwerfbar** sein.

Argument:

- Eine objektive Bestimmung von Fahrlässigkeit wandelt Verschuldenshaftung in Verursachungshaftung. Auch führt sie zu einer Einschränkung der Entfaltungsfreiheit des Handelnden. (Stichwort: ***Keine Verursachungshaftung***)

b) Objektive Verkehrsschutztheorie

Überwiegend wird vertreten, einer persönlichen Vorwerfbarkeit bedürfe es **nicht**.

Argumente:

- Im Rechtsverkehr muss jeder auf grundlegendes Sorgfaltsverhalten der anderen Verkehrsteilnehmer vertrauen können. Die Berücksichtigung individueller Defizite läuft dem zuwider. Das wird besonders deutlich im vertraglichen Bereich: Wer mit einem Fachmann Verträge schließt, soll auf dessen Fähigkeiten vertrauen dürfen. (Stichwort: ***Verkehrsschutz***)
- Im Unterschied zum Strafrecht geht es hier nicht um Sühne für Schuld. Die Ziele des Schadensrechts, angemessene Risikoverteilung und gerechter Ausgleich von Vermögensnachteilen, sind auch ohne persönliche Vorwerfbarkeit zu erreichen. (Stichwort: ***Strafrecht ≠ Zivilrecht***)

Hinweise

- Die Rspr. folgt der (hier) zweiten Ansicht, berücksichtigt aber individuelle Momente ausnahmsweise dann, wenn der jeweilige Normzweck strenge persönliche Verantwortung voraussetzt, zB in § 253 II BGB, § 254 BGB, § 1611 BGB und §§ 2333, 2339 BGB.
- Versetzt sich jemand in eine Situation, die er nicht bewältigen konnte (sog. **Übernahmeverschulden**) kommen beide Theorien – mit unterschiedlicher Begründung – zum gleichen Ergebnis.

47 Zurechnung nach § 278 BGB trotz Handelns „bei Gelegenheit"

P
§ 278
Rn 20

Als „Erfüllungsgehilfe" im Sinne des § 278 BGB wird üblicherweise derjenige angesehen, der im Pflichtenkreis des Schuldners tätig wird. Umstritten ist,

Streitstand ⇨ **ob eine Zurechnung auch dann erfolgt, wenn er nicht in Ansehung der Erfüllung, sondern lediglich „bei Gelegenheit" handelt.**

a) Großzügige Gelegenheitstheorie

Teilweise lässt man es genügen, dass der Gehilfe **aus Anlass** bzw. **bei Gelegenheit** der Vertragserfüllung handelt.

Argumente:

- Der **Wortlaut** von § 278 BGB ist anders als § 831 BGB und § 428 HGB („in Ausführung der Verrichtung") uneingeschränkt. Auch wurde eine solche Begrenzung im **Gesetzgebungsverfahren** ausdrücklich verworfen.
- Der Gläubiger öffnet seine Rechtssphäre gerade anlässlich des Vertrages mit dem Schuldner. (Stichwort: ***erleichterte Einwirkungsmöglichkeit***)

b) Strenge Theorie vom sachlichen Zusammenhang

Ganz überwiegend wird ein Handeln **in Ausübung der Hilfstätigkeit**, d.h. ein unmittelbarer sachlicher Zusammenhang zur Leistung des Schuldners gefordert.

Argumente:

- Die an eigenen Interessen orientierte Lebensführung des Gehilfen kann der Schuldner auch **nicht besser beherrschen** als der Gläubiger.
- Selbst in § 831 BGB, der sogar eine Exkulpationsmöglichkeit vorsieht, ist das zusätzliche Erfordernis „in Ausführung der Verrichtung" enthalten. Dann muss dies erst recht für § 278 BGB gelten. (Stichwort: ***831 a fortiori***)

Hinweise

- Ob der Dritte vorsätzlich (vgl. MünchKomm/*Grundmann* (2012), § 278 Rn. 47), in strafbarer Weise oder den Weisungen und Interessen des Geschäftsherrn zuwider (vgl. BGH NJW 1960, 669; aA BAG NJW 1961, 622) gehandelt hat, ist nicht maßgeblich.
- Der obige Streitstand ist Ausgangspunkt für eine Vielzahl von Einzelfällen, vgl. etwa Staudinger-*Löwisch* (2009), § 278 Rn 52 f).

48

§ 278 BGB bei (teilweiser) Untätigkeit des Erfüllungsgehilfen

P
§ 278
Rn 12

Umstritten ist,

Streitstand ⇨ **ob § 278 BGB auch auf einen untätigen Dritten anwendbar ist**

a) Schuldnerfreundliche Tätigkeitstheorie

Teilweise wird dies **abgelehnt**. Der Schuldner könne § 280 I 2 BGB schon dadurch widerlegen, dass er sich auf ein Tätigwerden des Gehilfen verlasse.

Argumente:

- Bei Untätigkeit ist der Dritte schon **begrifflich kein „Erfüllungsgehilfe"**. § 278 BGB gilt nur bei einer effektiven Bewirkung der Leistung.
- **Sinn und Zweck** von § 278 BGB ist zweierlei: Er soll Ausgleich für die *erhöhte Gefährdung der Gläubigersphäre* und für den mit der Einschaltung Dritter verbundenen *Vorteil des Schuldners* schaffen. Bei Untätigkeit entstehen aber weder gefährdender Kontakt noch Vorteile des Schuldners.

b) Gläubigerfreundliche Untätigkeitstheorie

Überwiegend wird § 278 BGB auch bei Unterlassen des Gehilfen **angewendet**.

Argumente:

- Für eine begriffliche Einschränkung auf *aktive* Erfüllungsgehilfen gibt der **Wortlaut** keinen Anhaltspunkt.
- Eine Nichtanwendung von § 278 BGB wäre konsequenterweise auf Obliegenheiten auszuweiten. Der Gesetzgeber hat sich mit § 254 II 2 BGB aber gerade anders entschieden. (Stichwort: ***Systematik 254 II 2***)
- Der Gläubiger hat auf die Interna des Geschäfts- und Gefahrenkreis des Schuldners keinen Einfluss. (Stichwort: ***Schuldnersphäre***)
- Die Gegenansicht führte bei nur *teilweiser* Erfüllung zu einer Differenzierung zwischen Haupt- (nur teilweise § 278 BGB) und Nebenpflichten (vollständig § 278 BGB). Auch kann es (zB bei einem Warentransport) keinen Unterschied machen, ob der Erfüllungsgehilfe gar nicht tätig wird oder seine Arbeit vorzeitig abbricht. (Stichwort: ***Vergleich mit teilweiser Erfüllung***)

Fundstelle

Kaiser/Rieble, NJW 1990, 218

49 Dogmatische Einordnung des § 280 I 2 BGB

P
§ 280
Rn 34

Umstritten ist,

Streitstand ⇨ **wie die Regelung des § 280 I 2 BGB dogmatisch zu fassen ist.**

a) Theorie der bloßen Beweislastregel

Einige sehen in der Norm nicht mehr als eine **Beweislastregel**.

Argument:

- Wenn der Gesetzgeber eine dogmatische Neuorientierung gewollt hätte, stünde dies in der **Gesetzesbegründung**. Dort liest man aber: „Diese Verteilung der Behauptungs- und Darlegungslast entspricht den geltenden §§ 282, 285 [a.F.].“ (BT-Drucksache 14/6040, S. 136)

b) Theorie der materiellen Einwendungsnorm

Andere sehen in § 280 I 2 BGB eine **materielle Einwendung**.

Argumente:

- Es ist anzunehmen, dass mit der **Wortlautänderung** im Vergleich zu § 282 BGB a.F. („ist strittig“) eine dogmatische Umgestaltung einhergehen sollte.
- **Systematisch** ist zu beachten, dass haftungsbegründende Norm allein § 280 I 1 BGB ist. Das Zusammenwirken von S. 1 und S. 2 erinnert an § 831 BGB, in dem auch S. 2 als Einwendung ausgestaltet ist. (Stichwort: ***831***)
- Auch ein **Vergleich mit § 619a BGB** spricht für die Einstufung als materielle Einwendung. Denn dort ist angeordnet, dass als Ausnahme zu § 280 I BGB das Vertretenmüssen zum haftungsbegründenden Tatbestand gehört.

Hinweis

Die **Praxisrelevanz** des Streitstands liegt auf der Hand: Nur nach der ersten Ansicht muss der Kläger für die Schlüssigkeit seiner Klage auch Ausführungen zum Verschulden des Beklagten machen. Andernfalls hat er keine Darlegungslast.

Fundstelle

Zieglmeier, JuS 2007, 701

50 Berechnungsmethoden für Schadenersatz statt der Leistung

P
§ 281
Rn 18 ff.

Für die Berechnung des Schadenersatzes statt der Leistung stehen im Synallagma zwei unterschiedliche Ansätze zur Verfügung: *Einerseits* kann die Pflicht des Gläubigers zur Gegenleistung entfallen; das Austauschverhältnis endet und der Schadenersatz ist auf die Differenz zwischen dem Wert der primären Leistung und demjenigen der Gegenleistung gerichtet (**Differenzmethode**). *Andererseits* ist denkbar, dass der Gläubiger die von ihm versprochene Gegenleistung noch erbringt. Es findet dann ein Austausch der Leistungen statt, auf Schuldnerseite tritt aber an die Stelle der primären Leistungspflicht die Verpflichtung zur Zahlung von Schadenersatz in Höhe des Werts dieser Leistung (**Austausch-/Surrogationsmethode**).

Insbesondere in Fällen der Unmöglichkeit (§§ 275 I, 326 I BGB) sowie beim Verlangen von Schadenersatz nach § 281 IV BGB, also wenn einer oder beide Primäransprüche erloschen sind, stellt sich die Frage,

Streitstand ⇨ **ob der Gläubiger frei über die Berechnungsmethode für Schadenersatz statt der Leistung entscheiden kann.**

Bsp.: A tauscht sein Fahrrad gegen B's Computer. Kann A, wenn B auch nach Fristsetzung schuldhaft nicht leistet, sein Fahrrad liefern und Geldersatz für den Computer verlangen [Austauschmethode] oder muss er es behalten und kann von B (nur) Wertdifferenz verlangen [Differenzmethode].

a) Schuldnerfreundliche Differenztheorie

Einige meinen, der Gläubiger dürfe **nur nach der Differenzmethode** vorgehen.

Argumente:

- Nur diese Ansicht trägt zur Rechtsklarheit bei. Sonst könnte der Gläubiger auf Kosten des Schuldners spekulieren. (Stichwort: ***Rechtssicherheit***)
- § 326 I 1 BGB ordnet nunmehr (anders als § 325 BGB a.F.) auch für vom Schuldner zu vertretende Unmöglichkeit ein Erlöschen des Gegenleistungsanspruchs kraft Gesetzes an. Dadurch kann der Schuldner die Gegenleistung nicht mehr verlangen und der Gläubiger sie nicht mehr erbringen. Denn eine Leistung, die nicht geschuldet ist, kann auch nicht mehr mit befreiender Wirkung erbracht werden. (Stichwort: ***326 I 1***)

b) Gläubigerfreundliche Wahlrechtstheorie

Viele lassen dem Gläubiger die **Wahl**, ob er die Gegenleistung erbringen will.

Argumente:

- § 326 I 1 BGB steht einem Wahlrecht nicht entgegen, sondern regelt nur die Frage, ob der Gläubiger die Gegenleistung erbringen *muss*, nicht, ob er sie erbringen *darf*. (Stichwort: ***326 I 1: müssen ≠ dürfen***) Es wäre auch unbillig, dem Gläubiger erneut das Absatzrisiko aufzubürden. Vertragswidriges Verhalten des Schuldners darf an der einmal erlangten Absatzmöglichkeit nichts ändern. (Stichwort: ***berechtigtes Absatzinteresse des Gläubigers***)
- Ohne ein Wahlrecht würde auch die von § 325 BGB zugelassene Kombination von Schadenersatz und Rücktritt ausgehöhlt. Denn eine Entscheidung gegen die Ausübung des Rücktrittsrechts ist nur sinnvoll, wenn die Möglichkeit zur Surrogationsmethode besteht. (Stichwort: ***Telos 325***)
- Im Rahmen von **§ 281 BGB** war es schon früher pure Fiktion, wenn der Gläubiger mit der Fristsetzung und Ablehnungsandrohung angeblich konkludent miterklärte, seine Gegenleistung nicht mehr erbringen zu wollen. Seit der Schuldrechtsreform ist sogar eine Ablehnungsandrohung entbehrlich.

Hinweise

- Wiederum andere differenzieren: Bei §§ 281 f. BGB bestehe ein Wahlrecht, bei Unmöglichkeit (§§ 280 I, III, 283 BGB) gelte nur die Differenzmethode.
- Die früher zum Teil vertretene Differenzierung danach, *ob die Gegenleistung bereits erbracht war oder nicht*, wird heute nicht mehr aufrechterhalten. Denn nach dem neuen § 325 BGB kann der Gläubiger immer Schadenersatz verlangen und zugleich zurücktreten und damit wirtschaftlich selbst dann nach der Differenzmethode vorgehen, wenn er seine Gegenleistung schon erbracht hat.
- Ist der Gegenleistungsanspruch auf Geld gerichtet, führen beide Berechnungsmethoden regelmäßig wirtschaftlich zum selben Ergebnis. Der Unterschied besteht dann nur darin, ob die Saldierung der gegenseitigen Geldansprüche **kraft Gesetzes** eintritt (Differenzmethode) oder ob es hierzu einer **Aufrechnungserklärung** bedarf (Surrogationsmethode). Gravierendere Unterschiede zeigen sich aber bei Tauschverträgen (s. Bsp.) und wenn der Geldschuldner (und Sachgläubiger) zu Schadenersatz verpflichtet ist.
- Die Rspr. ist uneins: Nachdem der BGH lange ein Wahlrecht des Gläubigers entsprechend der zweiten Meinung annahm, sprach er sich zuletzt (BGH NJW 1999, 3115 ff.) für die erste Auffassung aus.

Fundstelle

Füssenich, JA 2004, 403

51 Pflichtverletzung bei Schadenersatz nach §§ 280 I, III, 283 BGB

P
§ 280
Rn 13

Der für §§ 280 ff. BGB zentrale Begriff der **Pflichtverletzung** meint *das Zurückbleiben hinter dem (vertraglich) geschuldeten Pflichtenprogramm.* Streitig ist,

Streitstand ⇨ **worin bei § 283 BGB die erforderliche Pflichtverletzung besteht.**

a) Verhaltensbezogene Theorie

Einige Literaturstimmen sehen sie in der **Herbeiführung der Unmöglichkeit**.

Argumente:

- Der Schuldner wird nach § 275 BGB von der Pflicht zur Leistung befreit. Dann kann in der Nichtleistung als solcher denklogisch keine Pflichtverletzung gesehen werden. (Stichwort: ***gerade keine Leistungspflicht***)
- Bei § 241 II BGB gilt unstreitig ein verhaltensbezogener Pflichtverletzungsbegriff. (Stichwort: ***Einheitlicher Begriff der Pflichtverletzung im BGB***)

b) Objektive Erfolgstheorie

Überwiegend sieht man die **Nichtleistung als solche** als Pflichtverletzung an.

Argumente:

- § 275 BGB bezieht sich nur auf die Primärleistungspflicht, sekundäre Schadenersatzpflichten bleiben unberührt. Die Verweise in § 275 IV BGB und § 283 BGB auf § 280 I BGB zeigen gerade, dass die Nichtleistung als Pflichtverletzung *gilt*. (Stichwort: ***Verweise***). Für Fälle *anfänglicher* Unmöglichkeit hat der Gesetzgeber das Fehlen einer Pflichtverletzung erkannt und daher § 311a II BGB geschaffen. (Stichwort: ***Existenz des § 311a II BGB***)
- Die verhaltensbezogene Auffassung vermischt entgegen dem Willen des Gesetzgebers die *objektive* Kategorie der Pflichtverletzung mit der *subjektiven* des Vertretenmüssens. (Stichwort: **Pflichtverletzung ≠ Vertretenmüssen**)
- Die sich nach der verhaltensbezogenen Theorie ergebende Verteilung der Beweislast würde den Gläubiger zu stark belasten.
- Für § 326 V BGB reicht die Nichtleistung ohne gesondertes pflichtwidriges Verhalten aus, der Begriff der Pflichtverletzung ist aber einheitlich zu verstehen. Wesentlicher Unterschied zwischen Rücktritt und Schadenersatz ist bereits das Vertretenmüssen. (Stichwort: ***Rücktritt ⇔ Schadenersatz***)

Fundstelle: Staudinger/*Schwarze* (2009), § 283 Rn. 9-13

52 Verhältnis von § 284 BGB zu § 347 II BGB

P
§ 347
Rn 4

Beim Rücktritt vom Vertrag greift der Abwicklungsmodus der §§ 346 ff. BGB ein. Verwendungsersatz kann danach nur unter den engen Voraussetzungen des § 347 II 1, 2 BGB verlangt werden. Umstritten ist,

Streitstand ⇨ **ob darüber hinaus Aufwendungsersatz nach § 284 BGB verlangt werden kann.**

a) Theorie des Rücktrittsvorrangs

Vereinzelt sieht man in §§ 346 ff. BGB eine **abschließende Spezialregelung**.

Argument:

- Die § 346 ff. BGB sind sachnäher, zB darf die Privilegierung in § 347 II BGB für den Fall des § 346 III Nr. 3 BGB nicht unterlaufen werden.

b) Theorie der Anspruchskonkurrenz

Ganz überwiegend soll **§ 284 BGB kumulativ** anzuwenden sein.

Argumente:

- § 284 BGB tritt an die Stelle eines nach **§ 325 BGB** kumulativ zum Rücktritt möglichen SE statt der Leistung. Der Gläubiger, der Rücktritt und SE verbindet, darf nicht schlechter stehen als bei Verzicht auf einen Rücktritt. Diese Wertung ist auch § 437 BGB (§ 634 BGB) immanent, denn dem Käufer (Besteller) stehen sämtliche dort genannten Rechte zu.
- Die über § 347 II BGB hinausgehende Haftung nach § 284 BGB ist teleologisch durch das Erfordernis einer zu vertretenden Pflichtverletzung zu erklären. § 347 II BGB regelt keine Verschuldenshaftung, sondern den Ausgleich einer verbleibenden Bereicherung. (Stichwort: ***unterschiedliche Regelungssysteme***)

Hinweis

§ 284 BGB ist auch bei Normen anzuwenden, die einen „**SE wegen Nichterfüllung**" nennen (zB §§ 523 II 1, 524 II 2, 536a, 651f BGB und 376 I 1 HGB). Hier besteht trotz der abweichenden Formulierung kein Unterschied zum „SE statt der Leistung".

Fundstelle

BGHZ 163, 381

53 Verhältnis von § 284 BGB zur Rentabilitätsvermutung

P
§ 284
Rn 3

Tätigt ein Gläubiger vergebliche Aufwendungen auf eine Sache, kann er die ihm dadurch entstandenen Kosten – mangels Kausalität – grundsätzlich nicht als Schadenersatz statt der Leistung geltend machen. Denn diese Kosten wären ihm auch bei pflichtgemäßer Leistung des Schuldners entstanden. Hier half vor der Schuldrechtsreform eine richterrechtliche, über § 252 S. 2 BGB hinausgehende Beweiserleichterung: Es wurde widerleglich vermutet, dass sich die Aufwendungen des Gläubiger bei Durchführung des Vertrages aufgrund von Vorteilen aus der Gegenleistung rentiert hätten (sog. **Rentabilitätsvermutung,** bereits seit RGZ 127, 245, 248). Dogmatisch lag dann ein Vermögensschaden in Form des entgangenen Gewinns in Höhe der nutzlosen Aufwendungen vor, für den die Kausalität vermutet wurde. Diese Rentabilitätsvermutung war aber *einerseits* auf gegenseitige Verträge beschränkt. *Andererseits* galt sie wegen § 253 I BGB nicht, wenn der Gläubiger mit der Leistung des Schuldners nicht kommerzielle, sondern ideelle oder konsumtive Zwecke verfolgte, bei der eine Amortisation der Aufwendungen von Anfang an ausschied.
Heute kann der Gläubiger zusätzlich nach § 284 BGB Aufwendungsersatz verlangen. Der genaue Anwendungsbereich der Norm ist aber umstritten, insbesondere stellt sich die Frage,

Streitstand ⇨ **in welchem Verhältnis § 284 BGB zur Rentabilitätsvermutung steht.**

a) enge Theorie der Rentabilitätsvermutung

Zum Teil wird vertreten, § 284 BGB erfülle gegenüber den §§ 281 ff. BGB in Verbindung mit der Rentabilitätsvermutung nur eine Ergänzungsfunktion, sodass die Vorschrift nicht für kommerzielle Aufwendungen gelte.

Argument:

- Aufgrund des Fortgeltens der Rentabilitätsvermutung bedurfte es bei der Neufassung nur einer Regelung für nichtkommerzielle Aufwendungen.

b) weite Kodifikationstheorie

Nach überwiegender Ansicht umfasst § 284 BGB **sämtliche Aufwendungen**.

Argumente:

- Der weite **Wortlaut** des § 284 BGB enthält keine Differenzierung zwischen Aufwendungen mit kommerzieller und sonstiger Bestimmung.

- Aus den Materialien zur Schuldrechtsreform (BT-Dr. 14/6040, S. 142 ff., 144) ergibt sich der eindeutige Wille des Gesetzgebers, alle Aufwendungen einheitlich unter § 284 BGB zu fassen. (Stichwort: ***Gesetzgeberwille***) Danach sollte die Regelung in §§ 437 Nr. 3, 284 BGB den alten § 467 S. 2 BGB a.F. ersetzen, wonach die Vertragskosten nach erfolgter Wandlung ersetzt werden mussten – unabhängig davon, ob der Vertrag zu kommerziellen oder zu ideellen Zwecken eingegangen wurde.
- Nach § 284 aF BGB muss der *Schuldner* widerlegen, dass der Zweck der Aufwendungen ohne seine Pflichtverletzung erreicht worden wäre. Diese Beweiserleichterung nur Gläubigern zuzusprechen, die ohne Gewinnerzielungsabsicht handeln, widerspräche der begrenzten Ersatzfähigkeit immaterieller Schäden nach § 253 BGB. (Stichwort: ***Beweislastumkehr für alle Gläubiger***)

Hinweis

Innerhalb der überwiegenden Ansicht ist umstritten, ob die **Rentabilitätsvermutung neben § 284 BGB fortgilt:**

- *Dafür* spricht, dass weder die Gesetzesbegründung noch der Wortlaut des § 284 BGB auf eine Abschaffung hindeuten. Vielmehr wollte der Gesetzgeber mit § 284 BGB die Stellung des Gläubigers ausschließlich verbessern. Dieser kann zB bei entgangenem Gewinn das Bedürfnis haben, gleichzeitig Aufwendungs- und Schadenersatz zu verlangen.
- *Dagegen* wird angeführt, dass schon der Gesetzgeber (vgl. BT Drucksache 14/6040, S. 143 f.) davon ausgeht, dass es auf die Rentabilitätsvermutung in Zukunft nicht mehr ankomme. Auch würde das Ziel der Einführung von § 284 BGB, die Beseitigung der einseitigen Privilegierung von Aufwendungen zu kommerziellen Zwecken, konterkariert. Denn Aufwendungen für ideelle Zwecke wären dann zwar neuerdings grundsätzlich nach § 284 BGB ersatzfähig. Die Einschränkungen des ausdifferenzierten Systems des § 284 BGB (Billigkeit usw.) griffen aber nur für sie, weil Aufwendungen zu kommerziellen Zwecke weiterhin nach der Rentabilitätsvermutung zu ersetzen wären. Die unterschiedliche Behandlung würde gerade aufrechterhalten.

Fundstelle

Ellers, Jura 2006, 201

54 § 284 BGB und Schadenersatz nach §§ 280 I, II, 286 BGB

P § 284 Rn 4

Umstritten ist auch, ob § 284 BGB **nur anstelle** eines Schadenersatzanspruchs aus §§ 280 I, *III, 281-283 BGB* anzuwenden ist oder ob

Streitstand ⇨ **§ 284 derart erweitert auszulegen ist, dass das Bestehen eines Schadenersatzanspruchs gemäß §§ 280 I, *II, 286 BGB* ausreicht.**

a) weite Theorie des Verzögerungsschadens

Teilweise wird für eine solche **erweiternde Auslegung** argumentiert.

Argument:

- Es ist ein willkürliches Kriterium, Aufwendungsersatz nach § 284 BGB davon abhängig zu machen, ob später noch geleistet wird oder nicht. Dadurch entsteht ein systemwidriger Anreiz, die Naturalerfüllung abzulehnen.

b) enge Wortlauttheorie

Überwiegend soll ein Anspruch aus §§ 280 I, II, 286 BGB **nicht** ausreichen.

Argumente:

- Die Formulierung „anstelle des Schadenersatzes *statt der Leistung*“ ist eindeutig. Die §§ 280 I, II, 286 BGB regeln einen Schadenersatz *neben* der Leistung wegen Verzögerung der Leistung. (Stichwort: ***Wortlaut***)
- Dies entspricht der **Wertung des Gesetzgebers**, nach der Aufwendungsersatz ein wählbarer Ausgleich dafür ist, dass das primäre Leistungsinteresse endgültig enttäuscht wurde. (Stichwort: ***gerechter Ausgleich***)

Hinweise

- Ersatzfähig sind nur solche Aufwendungen, die der Gläubiger „**billigerweise machen durfte**“, § 284 BGB. Fraglich ist, was darunter zu verstehen ist:
    - *Einige* sehen darin einen **bloßen Hinweis auf § 254 BGB**. *Allerdings* ist schwer nachvollziehbar, dass der Gesetzgeber ein unbestimmtes Merkmal wie „Billigkeit“ in eine Norm aufnimmt, ohne ihm selbständige Bedeutung beizumessen.
    - *Andere* stellen unter Hinweis auf § 254 II 1 BGB auf die **Vorhersehbarkeit** der Aufwendungen für den Schuldner ab. *Dagegen* spricht, dass eine Warnpflicht nach § 254 II 1 BGB nur dann besteht, wenn der Gläubiger die Gefahr des Schadenseintritts selbst erkennt. Bei Vertrauen auf den

Erhalt der Leistung wird er aber gerade nicht mit der Gefahr der Frustration seiner Aufwendungen rechnen.

- *Wiederum andere* sehen Aufwendungen als unbillig an, wenn der Gläubiger **Anlass zu Zweifeln** an der Leistungserbringung durch den Schuldner hatte. Allerdings fehlt es bei solchen Zweifeln wohl schon am schutzwürdigen Vertrauen des Gläubigers auf den Erhalt der Leistung, sodass es auf das Kriterium der Billigkeit gar nicht mehr ankommt.
- *Schließlich* wird vertreten, dass über das Kriterium der Billigkeit **unverhältnismäßige**, luxuriöse Aufwendungen ausgeschlossen werden sollen.
- Unabhängig davon, welcher Auffassung man folgt, sind jedenfalls die Umstände des Einzelfalls und eine Vielzahl an Kriterien maßgeblich.

• „**Vergeblich**" sind solche Aufwendungen, die sich wegen der Nichtleistung oder der nicht vertragsgerechten Leistung des Schuldners als nutzlos erweisen. Umstritten ist, ob hierbei zu berücksichtigen ist, dass der Gläubiger die getätigten Aufwendungen **anderweitig nutzen**, also zB das erworbene Navigationssystem in anderen Autos verwenden, kann.

- *Dafür* spricht das allgemeine Prinzip des Schadensrechts, dass der Geschädigte drohenden Schaden zu minimieren hat (vgl. § 254 BGB). Nur auf diese Weise kann im Rahmen der von § 284 BGB in Bezug genommenen Billigkeit Einzelfallgerechtigkeit hergestellt werden.
- *Dagegen* wird darauf abgestellt, dass der nicht pflichtgemäß leistende Schuldner durch die Billigkeitsklausel in § 284 BGB ausreichend geschützt ist (Stichwort: ***Schutzwürdigkeit***). Diese einfachere Anspruchsberechnung dient zudem der Prozessökonomie.

• Aufwendungen werden nach § 284 *aE* BGB nicht ersetzt, wenn ihr Zweck „**auch ohne die Pflichtverletzung des Schuldners**" (d.h. auch bei ordnungsgemäßer Leistungserbringung) nicht erreicht worden wäre. Umstritten ist die Handhabung, wenn der Gläubiger mehrere Zwecke, insbesondere gleichzeitig kommerzielle und anderweitige mit den Aufwendungen verfolgt:

- *Zum Teil* wird für diese Fälle eine Quotelung des Ersatzanspruchs entsprechend den jeweiligen Zwecken vorgeschlagen.
- Weil die Berechnung einer solchen angemessenen Quote schwierig bzw. unmöglich ist, stellt die *überwiegende Ansicht* auf denjenigen Zweck ab, der für den Gläubiger im Vordergrund steht. Die Möglichkeit des Gläubigers zu Schutzbehauptungen soll dadurch abgemildert werden, dass im Zweifel die kommerziellen Zwecke maßgeblich sein sollen.

Fundstelle: MünchKomm/*Ernst* (2012), § 284 Rn. 13 ff.

55 § 122 BGB analog bei fehlendem Vertretenmüssen im Rahmen von § 311a BGB

P
§ 311a
Rn 15

Bei einer Anfechtung nach § 119 II BGB hat der Anfechtende dem Erklärungsempfänger verschuldensunabhängig dessen Vertrauensschaden zu ersetzen (**§ 122 BGB**). Auch bei anfänglicher Unmöglichkeit der Leistungserbringung wird der Schuldner von seinen Primärpflichten frei (§ 275 I BGB). Schadenersatz muss er dann gemäß **§ 311a II BGB** aber nur leisten, wenn er das Leistungshindernis kannte oder grob fahrlässig nicht kannte. Umstritten ist daher,

Streitstand ⇨ **ob bei Fehlen der Kenntnis/grobfährlässigen Unkenntnis § 122 BGB analog anzuwenden ist.**

a) Analogielösung

Einige sprechen sich dafür aus, den Irrtum über die eigene Leistungsfähigkeit **wie einen Eigenschaftsirrtum** nach § 119 II BGB zu behandeln.

Argumente:

- Der Gesetzgeber hat explizit offen gelassen, was im Falle der nicht zu vertretenden anfänglichen Unmöglichkeit zu tun sei. (Stichwort: **Lücke**)
- Es sind **Wertungswidersprüche mit dem Anfechtungsrecht** zu vermeiden: Dort kann sich der Irrende von seiner Erklärung nur mit der Folge des § 122 BGB lösen. (Stichwort: ***vergleichbare Interessenlage***)

b) wortlautgetreue Verschuldenslösung

Überwiegend wird eine solche analoge Anwendung von § 122 BGB **abgelehnt**.

Argumente:

- Der Gesetzgeber entschied sich bewusst für das **Verschuldensprinzip**, so auch in §§ 280 I, III, 283 BGB für die nachträgliche Unmöglichkeit; allein der Zeitpunkt der Unmöglichkeit rechtfertigt aber keine Differenzierung. Auch würden die Beschränkungen des **§ 284 BGB** unterlaufen.
- Die Sachlagen sind **nicht vergleichbar**: Anders als bei Unmöglichkeit geht der Haftung nach § 122 BGB ein willentlicher Gestaltungsakt voraus.
- Motivirrtümer sind grundsätzlich unbeachtlich; § 119 II BGB ist insoweit eine enge, nicht analogiefähige Ausnahmeregelung, die nicht auf andere Motivirrtümer ausgedehnt werden darf. (Stichwort: ***§ 119 II = Ausnahmeregelung***)

Fundstelle

Schulte-Nölken, ZGS 2002, 256 (258 f.)

56 Widerrufsrecht nach § 312 BGB bei arbeitsrechtlichen Aufhebungsverträgen

P
§ 312
Rn 4

Für die Auflösung eines Arbeitsverhältnisses sind einvernehmliche Aufhebungsverträge eine beliebte Alternative zur Kündigung. Umstritten ist hierbei,

Streitstand ⇨ **ob dem Arbeitnehmer bei am Arbeitsplatz geschlossenen Aufhebungsverträgen ein Widerrufsrecht gemäß § 312 BGB zusteht.**

a) Ablehnungstheorie

Die überwiegende Literaturansicht und auch die Rspr. lehnen ein Widerrufsrecht ab, es liege **kein „Haustürgeschäft“** vor (= teleologische Reduktion).

Argumente:

- **Sinn und Zweck von § 312 BGB** passen nicht auf Aufhebungsverträge: Weder muss der Arbeitnehmer hier vor mit dem sog. Direktvertrieb verbundenen Gefahren geschützt werden, noch bedarf seine rechtsgeschäftliche Entscheidungsfreiheit eines Schutzes vor Überrumpelung. Denn der Arbeitsplatz ist typischerweise der Ort, an dem die das Arbeitsverhältnis betreffenden Fragen besprochen werden. (Stichwort: ***kein situationstypisches Überraschungsmoment***)
- Das Haustürwiderrufsrecht erfasst als **vertragstypenbezogenes Verbraucherschutzrecht** nur besondere Vertriebsformen. Dies wird bereits systematisch an der **Überschrift vor § 312 BGB** deutlich. Hierfür spricht auch die Abhängigkeit des Widerrufsrechts von einem Mindestbetrag von 40 € (vgl. **§ 312 III Nr. 2 BGB**), was für Aufhebungsverträge nicht passt.
- Anders als in § 310 IV 2 BGB hat der Gesetzgeber die Anwendbarkeit von § 312 BGB im Arbeitsrecht nicht expressis verbis angeordnet. Es ist daher davon auszugehen, dass er an die vorherige Rechtslage anknüpfen wollte, nach der kein Widerrufsrecht bestand (Stichwort: ***§ 310 IV 2 e contrario***).
- Arbeitsrechtliche Beendigungsstreitigkeiten sind von einem **allgemeinen Beschleunigungsinteresse** geprägt, vgl. §§ 4, 7 KSchG, § 17 TzBfG. Ein (unter Umständen sogar unbefristetes, § 355 III 3 BGB) Widerrufsrecht ist damit nicht vereinbar. Es würde auch die gewonnene **Rechtssicherheit** beseitigen.
- § 312 BGB setzt die **Richtlinie 85/577/EWG** um, die ausweislich ihres Art. 1 nur Verbindlichkeiten umfasst, die als Gegenleistung für eine Ware oder Dienstleistung eingegangen werden. Eine überschießende Umsetzung hätte der deutsche Gesetzgeber deutlich machen müssen.

b) Widerrufstheorie

Einige sprechen sich **für** ein solches **Widerrufsrecht** des Arbeitnehmers aus.

Argumente:

- Die von der Gegenansicht angenommene Differenzierung nach Vertragstypen ist im eindeutigen **Wortlaut** von § 312 I 1 Nr.1 BGB nicht angelegt. „Arbeitsplatz" wird zudem von der Rspr. sogar weit verstanden, nämlich als das „gesamte Betriebsgelände einschließlich der Personalabteilung".
- Eine teleologische Reduktion kann nicht auf fehlende **Überrumpelungsgefahr** gestützt werden, da eine solche konkret denkbar ist. Arbeitsrechtliche Beendigungsstreitigkeiten und auch die anderen in § 312 BGB genannten Konstellationen sind **situativ vergleichbar**. (Auch) in arbeitsrechtlichen Beendigungsverhandlungen sieht sich der Arbeitnehmer/Verbraucher oft einer Mehrzahl höhergestellter und taktisch vorbereiteter Gesprächspartner mit professioneller Rhetorik gegenüber.
- Warum zwar ein preiswertes Zeitschriftenabonnement, aber kein für die Lebensführung existentieller Aufhebungsvertrag widerrufen werden können soll, ist unter dem Aspekte des **Verbraucherschutzes** nicht nachvollziehbar.

Hinweise

- Die Rspr. hat in der als Fundstelle genannten Entscheidung das „Gebot fairen Verhandelns" als Grenze angedeutet, sich näherer Ausführungen dazu aber enthalten.
- Beachten Sie bei der Normlektüre den Unterschied: "... *seinem* Arbeitsplatz" aber „*einer* Privatwohnung" (vgl. hierzu auch BGH NJW 2007, 2106-2110).
- In einer Klausur sollten Sie vor der Darstellung des Streitstands auf die Verbrauchereigenschaft des Arbeitnehmers (vgl. **STREITSTAND 57**) sowie auf die Frage eingehen, ob ein Aufhebungsvertrag eine „entgeltliche Leistung" i.S.v. § 312 BGB zum Gegenstand hat (vgl. dazu zB *Franz*, JuS 2007, 14).
- Obwohl der Anwendungsbereich der Richtlinie 85/577/EWG nach ihrem Art. 3 II Verträge über den Bau von Immobilien nicht umfasst, hat der BGH (NJW 2007, 1947) klargestellt, dass § 312 BGB auch auf solche Art von Verträgen anzuwenden ist.

Fundstellen

BAG NJW 2004, 2401; *Hümmerich*, NZA 2004, 809

57 Verbrauchereigenschaft des Arbeitnehmers

P
§ 13
Rn 3

Dass ein Arbeitnehmer (im Folgenden: AN) Verbraucher sein **kann**, ist unbestritten. Dies folgt bereits aus der nicht abstrakt *status*bezogenen, sondern auf das einzelne Geschäft bezogenen, konkret-*funktionellen* Definition des Verbrauchers in § 13 BGB. Umstritten ist aber,

Streitstand ⇨ **ob ein AN in seiner arbeitsrechtlichen Beziehung zum Arbeitgeber stets „Verbraucher" ist.**

a) Ablehnende Theorie

Vereinzelt wird eine solche Verbrauchereigenschaft des AN **verneint**.

Argumente:

- „Verbrauch" setzt schon vom Wortsinn her den Erwerb von Waren und Dienstleistungen zur Bedürfnisbefriedigung voraus. Die Beschäftigung zwecks zukünftigen Erwerbs fällt nicht darunter (Stichwort: ***Verbrauch***)
- In systematischer Hinsicht spricht hierfür die kategorische Trennung zwischen „Verbraucher-" und „Arbeitsverträgen" in Artt. 29, 29a EGBGB einerseits und Art. 30 EGBGB andererseits. (Stichwort: ***Artt. 29 ff. EGBGB***)
- Auch sind Arbeitnehmer keine Verbraucher im Sinne von Art. 2 lit. b der AGB-Richtlinie 93/13/EWG, wie sich aus deren Erwägungsgrund 10 zweifelsfrei ergibt. (Stichwort: ***AGB-Richtlinie***)

b) Verbrauchertheorie

Überwiegend wird vertreten, die **Anwendung der Verbraucherschutzregeln** auf den AN sei die Regel, teleologisch motivierte Ausnahmefälle seien aber denkbar.

Argumente:

- Der Wortlaut des **§ 13 BGB** passt für den Arbeitnehmer, der per definitionem eine unselbständige berufliche Tätigkeit ausübt. (Stichwort: ***Wortlaut***)
- Der Gesetzgeber wollte mit der systematischen Stellung von § 13 BGB im Allgemeinen Teil des BGB einen **einheitlichen Verbraucherbegriff** für alle Rechtsgeschäfte schaffen. (Stichwort: ***Systematische Stellung im AT***)
- Ein Rückschluss von Artt. 29 ff. EGBGB auf § 13 BGB ist nicht möglich. Diese Normen verfolgen spezifische kollisionsrechtliche Zwecke und sind nach Art. 36 EGBGB als inkorporiertes Völkervertragsrecht autonom auszulegen. (Stichwort: ***Art. 36 EGBGB***)

- In § 310 IV BGB ist die Anwendbarkeit der §§ 305 ff. BGB auf Arbeitsverträge vorausgesetzt und eine Ausnahme nur für § 305 II, III BGB, nicht aber für § 310 III BGB vorgesehen. (Stichwort: ***310 IV***)
- Der Gesetzgeber ging bei der Schaffung des Unterlassungsklagegesetzes (vgl. Schönfelder Nr. 105) von der Verbrauchereigenschaft des Arbeitnehmers aus. Daher schuf er die Bereichsausnahme des § 15 UKlaG. (Stichwort: ***Entstehungsgeschichte UKlaG***)
- Andernfalls hätte es auch der Ausnahmevorschrift des § 491 II Nr. 2 BGB nicht bedurft. (Stichwort ***491 II Nr. 2 e contrario***)
- Bei der Wahl eines Arbeitsverhältnisses ist der Arbeitnehmer eingeschränkter als bei sonstigen konsumtiven Geschäften. Daher ist seine Schutzbedürftigkeit hier sogar höher. (Stichwort: ***Schutzzweck a fortiori***)

Hinweise

- Die überwiegende Ansicht verlagert die Diskussion weg von § 13 BGB hin zu den einzelnen Verbraucherschutzvorschriften, zB §§ 288 II und 310 III BGB. Eine Anwendung der §§ 241a, 312b ff., 474 ff. BGB passt dagegen allenfalls bei Parallelgeschäften außerhalb des Arbeitsvertrages.
- Der deutsche Verbraucherbegriff in § 13 BGB unterscheidet sich in zweierlei Hinsicht von seinem europäischen Pendant: Erstens ist *jedes Rechtsgeschäft* umfasst, während die EU-Richtlinien sich jeweils auf isolierte Lebensausschnitte (Haustürgeschäft, Verbraucherkredit usw.) beziehen. Zweitens ist die Einschränkung des § 13 letzter Hs. BGB enger, ausgenommen sind nur *gewerbliche oder* ***selbständige berufliche*** *Tätigkeiten.*
- Die Verbrauchereigenschaft kann sich auch negativ für den AN auswirken. So sind im Rahmen von § 310 III Nr. 3 BGB die Umstände des Einzelfalls zu berücksichtigen, also zB auch einzelne tarifvertragliche Ausschlussfristen.

Fundstellen

BAG NJW 2005, 3305; *Riesenhuber/Vogel*, Jura 2006, 81

58 Verbrauchereigenschaft einer Gesellschaft bürgerlichen Rechts (GbR)

P
§ 13
Rn 2

Es versteht sich von selbst, dass Gesellschafter einer GbR Verbraucher sein *können*. Umstritten ist das aber, wenn sie *für die GbR* handeln, insbesondere

Streitstand ⇨ **ob eine Gesellschaft bürgerlichen Rechts *als solche* Verbraucherin sein kann.**

a) Wertende Verbrauchertheorie

Überwiegend, auch von der Rspr, wird eine Verbrauchereigenschaft **bejaht**.

Argumente:

- Die Tatsache, dass mehrere natürliche Personen sich zu einem gemeinsamen Zweck zusammenschließen, ändert unter Wertungsaspekten nichts an ihrer Schutzbedürftigkeit als Verbraucher. (Stichwort: ***personales Substrat***)
- In der Verbraucherkreditrichtlinie 87/102/EWG, auf der § 1 I VerbrKrG und damit auch § 13 BGB beruhen, ist der **Verbraucherbegriff Gegenstück zur juristischen Person**. *Das* ist die GbR aber trotz ihrer Teilrechtsfähigkeit (vgl. **STREITSTÄNDE KOMPAKT, SCHULDRECHT BT, NR. 38**) nicht.

b) Enge formaljuristische Theorie

Nach anderer Auffassung kann eine GbR **nicht** Verbraucherin sein.

Argumente:

- Der eindeutige **Wortlaut** von § 13 BGB (vgl. auch Art. 29 EGBGB) ist begrenzt auf „natürliche Person[en]". (Stichwort: ***nur natürliche Personen***)
- „Rechtsfähige Personengesellschaften" wie eine GbR werden vom Gesetzgeber erst in § 14 II BGB eingeführt. Dadurch ist „natürliche Person" jedenfalls nicht umfassend gemeint. (Stichwort: ***Systematik 14 II***)
- Eine OHG ist gemäß § 6 I HGB Formkaufmann und damit zwingend Unternehmerin. Auch eine GbR kann aber leicht zur OHG werden (vgl. § 105 II HGB) und umgekehrt. (Stichwort: ***Flexibilität zwischen OHG und GbR***)
- Wie weit die GbR einer **juristischen Person** nahe kommt, ist streitig. Weit gefasst ist der Begriff zB im Europarecht (vgl. „Gesellschaften des bürgerlichen Rechts ... und die *sonstigen* juristischen Personen" in Art. 48 II EGV).

Fundstellen

BGH NJW 2002, 368; *Mülbert*, WM 2004, 905

59 Verbrauchereigenschaft von Existenzgründern

P
§ 13
Rn 3

Existenzgründer befinden sich in der Vorbereitung einer Geschäftstätigkeit.

Streitstand ⇨ **Umstritten ist, ob Existenzgründer Verbraucher im Sinne von § 13 BGB sind.**

a) objektive Verbrauchertheorie

Vereinzelt spricht man Existenzgründern die **Verbrauchereigenschaft** zu.

Argumente:

- Ein Existenz*gründer* hat gerade noch kein Gewerbe. Im Fall des Scheiterns der Existenzgründung darf er nicht als Unternehmer behandelt werden. (Stichwort: ***Vorbereitungshandlungen, Scheitern möglich***)
- An der Kategorisierung in § 655e II BGB wird deutlich, dass ein Umkehrschluss aus § 507 BGB keineswegs zwingend ist. (Stichwort: ***655e II***)

b) finale Unternehmertheorie

Überwiegend wird die Verbrauchereigenschaft **verneint**.

Argumente:

- Bereits nach dem **Wortlaut** von § 13 BGB ist nicht geschäftliche Erfahrung, sondern die objektiv zu bestimmende **Zweckrichtung des Handelns** maßgeblich. Auch unter Berücksichtigung der **Rspr. des EuGH** ändert die Zukünftigkeit einer Tätigkeit nichts an ihrer gewerblichen/beruflichen Natur.
- Systematisch hätte es sonst keiner *entsprechenden* Anwendung der §§ 491 bis 506 BGB über § 507 BGB bedurft. (Stichwort: ***e contrario 507***)
- Mit seiner Entscheidung für ein Unternehmerdasein verzichtet der Existenzgründer gerade auf Verbraucherschutz. (Stichwort: ***Verwirkungsgedanke***)
- Eine Verbrauchereigenschaft führte zu **Abgrenzungsschwierigkeiten** zwischen bloßer Erweiterung eines Geschäfts und erneuter Existenzgründung.

Hinweis

Wer erkennbar ein „Händlergeschäft" abschließt, kann sich später wegen § 242 BGB nicht auf § 13 BGB berufen (vgl. auch BGH NJW 2005, 1039).

Fundstellen

BGH NJW 2005, 1273; EuGH JZ 1998, 896

60 Widerrufsrecht bei Internetauktionen (§ 312d IV Nr. 5 BGB)

P
§ 312d
Rn 13

Die Voraussetzungen des **§ 156 BGB** liegen bei einer Internetauktion in der Regel nicht vor. Der Vertragsschluss erfolgt hier nicht mittels ausdrücklichen Zuschlags, d.h. einer Willenserklärung des Auktionators, sondern lediglich durch Angebot und Annahmeerklärung der Parteien. Auch der bloße Zeitablauf kann nach überwiegender Ansicht nicht als Zuschlag und damit als Willenserklärung gewertet werden. Es ist vielmehr von einer Annahmefrist nach § 148 BGB auszugehen. Umstritten ist allerdings,

Streitstand ⇨ **ob § 312d IV Nr. 5 BGB im Wege extensiver Auslegung dennoch Internetauktionen umfasst.**

a) Extensive Ausschlusstheorie

Teilweise wird die Norm **extensiv ausgelegt**, ein Widerrufsrecht fehle daher.

Argumente:

- Der auf die historische Platzauktion zugeschnittene § 156 BGB ist – anders als etwa § 383 III 1 BGB – keine Legaldefinition, sondern dispositive Auslegungsregel für einen Modus des Vertragsschlusses. Zeitgemäßer ist ein dem **allgemeinen Sprachverständnis** entsprechender *funktioneller* Versteigerungsbegriff, der auf das – auch im Internet gegebene – Mittel des Überbietens abstellt. Sonst hätte § 312 IV Nr. 5 BGB heute kaum noch einen Anwendungsbereich. (Stichwort: ***zeitgemäße funktionelle Auslegung***)
- Zum **spekulativen Charakter** von Internetauktionen passt kein Rechtsunsicherheit stiftendes und zu überhöhten Geboten führendes Widerrufsrecht. Denn mit dem Zuschlag wird dem Verkäufer die Chance genommen, ein Geschäft zum zweithöchsten, aber wohl überlegten Gebot abzuschließen. (Stichwort: ***Internetauktion = Risikogeschäft***)

b) Widerrufstheorie

Die überwiegende Literatur und die Rspr. **bejahen** ein Widerrufsrecht.

Argumente:

- Hierfür spricht neben dem eindeutigen **Wortlaut** der ausdrückliche Verweis auf die Norm des § 156 BGB. (Stichwort: ***Verweis auf 156***)
- Die **systematische Stellung** von § 312d IV Nr. 5 BGB als Ausnahme spricht für eine restriktive Handhabung. (Stichwort: ***Ausnahmevorschrift***)

- Die für Fernabsatzgeschäfte typische **Schutzwürdigkeit des Verbrauchers** besteht auch bei Internetauktionen: Die Ware kann vor Vertragsschluss nicht geprüft und ein persönliches Verkaufsgespräch nicht geführt werden.
- Die **Fernabsatzrichtlinie**, auf dessen Art. 6 der § 312d BGB beruht, gilt gemäß ihres Art. 3 I, 5. Spiegelstrich nicht für Versteigerungen. Ein Widerrufsrecht ist ein nach Art. 14 S. 1 mögliches „Mehr an Verbraucherschutz".

Hinweise

- In der Klausur sollten Sie nach der Subsumtion unter § 156 BGB und dem obigen Streit eine analoge Anwendung von § 312d IV Nr. 5 BGB diskutieren.
- Als Folgeproblem stellt sich die Frage, wie der Verbraucher bei einer Internetauktion erkennen (und beweisen kann), dass er mit einem *Unternehmer* kontrahiert. Unstreitig ist zunächst, dass die Feststellung der Unternehmereigenschaft gemäß § 14 BGB als **Rechtsfrage** allein dem Richter obliegt. Sowohl die Einstufung als „Powerseller" (ebay) / „Starseller" (Atrada) durch den Betreiber der Auktionsplattform als auch die heute mögliche Selbsteinstufung als „privat" oder „gewerblich" geben allenfalls Anhaltspunkte. Ob der Verbraucher zusätzlich Beweiserleichterungen bekommen soll, ist streitig:
    - Einige nehmen einen **Anscheinsbeweis** an, den der Unternehmer durch Gegenbeweis erschüttern kann.
    - Teilweise wird sogar von einer **Beweislastumkehr** gesprochen, bei der der vollständige Beweis des Gegenteils (§ 292 ZPO) nötig ist. *Dafür* spricht angesichts der Anonymität einer Internetplattform, dass der Verbraucher keinen Einblick in die internen Strukturen des Gegenüber hat.
    - Andere verweisen auf die dem Verbraucher bereits zahlreich zur Verfügung stehenden **Indizien**: Anzahl, Häufigkeit und Volumen getätigter Geschäfte, der Warenbestand an neuer Ware, Nutzung des „PayPal-Systems" sowie Verwendung eigener „Versteigerungsbedingungen" (AGBs) und Widerrufsbelehrungen. Eine darüber hinausgehende Beweiserleichterung sei eine ungerechtfertigte Bevorzugung des Mediums Internet. Für eine Beweislastumkehr fehle es an struktureller Unterlegenheit, für einen Anscheinsbeweis am typischen Geschehensablauf.
- Beachten Sie für diese Fälle auch die kürzlich geänderten ebay-AGBs (http://pages.ebay.de/help/policies/user-agreement.html) sowie die sog. e-bay-Grundsätze (http://pages.ebay.de/help/policies/overview.html).

Fundstelle: *Mankowski*, JZ 2005, 444

61 Richtlinienkonforme Auslegung von § 323 I BGB

P
§ 323
Rn 12

Der Wortlaut des § 323 BGB setzt den erfolglosen Ablauf einer vom Gläubiger *gesetzten* Frist voraus. Nach Art. 3 V der Verbrauchsgüterkaufrichtlinie, der Grundlage für § 323 BGB war, reicht aus, dass innerhalb eines angemessenen Zeitraums keine Abhilfe geschaffen wird; eine **Frist*setzung*** ist nicht erforderlich. Da der Gesetzgeber von der Richtlinienkonformität seiner Regelung ausging, ist eine Wertungskorrektur bei § 323 BGB grundsätzlich möglich: Vereinzelt wird die Norm im Wege einer flexiblen, erweiternden Anwendung von § 323 II Nr. 3 BGB korrigiert. *Dagegen* wird aber eingewandt, die daraus folgende vollständige Entbehrlichkeit einer Frist schieße über das Ziel hinaus. Stattdessen soll nach ganz überwiegender Ansicht der Tatbestand des § 323 I BGB richtlinienkonform zu reduzieren sein. Umstritten ist aber,

Streitstand ⇨ **ob eine richtlinienkonforme Auslegung des § 323 I BGB *auch über den Verbrauchsgüterkauf hinaus* gelten muss.**

a) Theorie der gespaltenen Auslegung

Teilweise spricht man sich für eine **gespaltene Auslegung**, d.h. für eine richtlinienkonforme Wertungskorrektur nur für Verbrauchsgüterkäufe aus.

Argument:

- Eine richtlinienkonforme Auslegung nach Art. 10 EG kann grundsätzlich nicht weiter gehen als der personelle Anwendungsbereich der umgesetzten Richtlinie selbst. (Stichwort: ***Wesen der richtlinienkonformen Auslegung***)

b) Theorie der „Großen Lösung"

Andere wollen die Wertungskorrektur auf **alle Rücktrittsfälle** ausweiten.

Argumente:

- Die Schuldrechtsmodernisierung basiert hinsichtlich des Anwendungsbereichs der umgesetzten Richtlinien auf einer überschießenden Umsetzung (Stichwort: ***Ausstrahlungswirkung dank „großer Lösung"***)
- Der mit dem Fristsetzungserfordernis verfolgte Zweck, die Vertragsdurchführung und damit den Grundsatz „pacta sunt servanda" zu stärken, greift nicht nur in Konstellationen mit *Verbrauchsgüter*kauf. (Stichwort: ***Telos identisch***)
- Aus der **systematischen Stellung** im allgemeinen Leistungsstörungsrecht und der **Parallele zu § 281 I 1 BGB** wird deutlich, dass der Gesetzgeber hier eine grundsätzliche Entscheidung für ein Fristerfordernis getroffen hat.

Hinweise

- Beachten Sie, dass es sich hierbei um eine **grundsätzliche Frage der richtlinienkonformen Auslegung** handelt, die hier exemplarisch behandelt wird.
- Nach der Rspr. muss die **Länge der Frist** bei § 323 I BGB so bemessen sein, dass der Schuldner eine letzte Möglichkeit bekommt, die bereits begonnene Erfüllung zu vollenden. Umstritten ist, ob mit einer zu kurzen Frist automatisch eine angemessene in Lauf gesetzt wird:
    - *Dagegen* wird angeführt, das Fristerfordernis sei ein bedeutender Aspekt privatautonomer Selbstverantwortung und stärke den Grundsatz „pacta sunt servanda".
    - *Dafür* spricht, dass der Gläubiger die normative Angemessenheit der Frist nicht sicher bestimmen kann. Denn diese ergibt sich aus den zahlreichen Umständen des Einzelfalls, die er nicht immer kennt. Zusätzlich zu den insoweit eindeutigen Gesetzesmaterialien entsprach dies auch der weit überwiegenden Auffassung zu § 326 BGB a.F.
    - *Einschränkend* soll dies wegen § 242 BGB aber dann nicht gelten, wenn die Frist nur zum Schein gesetzt oder „äußerst knapp" bemessen ist.
- Neben den in § 323 VI BGB genannten Fällen ist das Rücktrittsrecht auch aus anderen Gründen ausgeschlossen: Anerkannt sind *Verjährung* (§ 218 I 1 BGB) und das ungeschriebene Kriterium der *eigenen Vertragstreue*. Umstritten ist, ob auch der **Übergang der Preisgefahr** (zB nach § 447 BGB) zu einem solchen Ausschluss führt:
    - *Dagegen* sprechen Wortlaut und abschließender Charakter der Norm.
    - *Dafür* wird die in Wortlaut und Telos parallele Regelung in § 326 II 1 BGB angeführt, bei der die Preisgefahr anerkanntermaßen zu berücksichtigen ist.
- Da der Gesetzgeber die Möglichkeit zur „Wandlung" nach § 467 a.F. abgeschafft hat, sollten Sie auch in der Klausur die Terminologie anpassen und bei erklärtem Rücktritt von einer Um*gestaltung* (nicht: Um*wandlung*) in ein Rückgewährschuldverhältnis sprechen.

Fundstellen

BGHZ 150, 248 (zur Problematik einer gespaltenen Auslegung); MünchKomm/*Ernst* (2012), § 323 Rn. 50a

62 Gleichlauf von Rücktritt und Schadenersatz, § 323 IV BGB analog?

P
§ 281
Rn 8a

§ 323 IV BGB ermöglicht einen Rücktritt schon vor Fälligkeit der Leistung, wenn der Eintritt der Rücktrittsvoraussetzungen mit an Sicherheit grenzender Wahrscheinlichkeit feststeht – Glaubhaftmachung allein genügt nicht. Umstritten ist,

Streitstand ⇨ **ob § 323 IV BGB bei § 281 BGB *analog* anzuwenden ist.**

a) Gleichstellungstheorie

Einige **befürworten** eine solche analoge Anwendung von § 323 IV BGB.

Argumente:

- Nach den Gesetzesmaterialien (BT-Dr. 14/6040, S. 183) sollten § 281 und § 323 BGB nahezu identisch konstruiert sein. Als einziger Unterschied war die Einordnung des relativen Fixgeschäfts (unter § 323 II Nr. 2 bzw. als Fall des § 281 II, Fall 2 BGB) gewollt. Es liegt daher offenbar ein **Redaktionsversehen** vor. (Stichwort: **Lücke**)
- Mit § 323 IV BGB wollte der Gesetzgeber den gefestigten **Meinungsstand zur „pVV" kodifizieren**. Danach waren bei vorweggenommenem Vertragsbruch ohne Fristsetzung *entweder* Rücktritt *oder* Schadenersatz möglich. Zusätzlich hat der Gesetzgeber sogar die Grundsatzentscheidung für **§ 325 BGB** gefällt. Ein Gleichlauf ist daher nur konsequent.
- Wenn man den Schadensbetrag entsprechend abzinst, hat der Schuldner durch die vorzeitige Schadensberechnung auch keinen Nachteil.

b) Differenzierungstheorie

Die herrschende Auffassung **lehnt diese Analogie** ab.

Argumente:

- § 323 IV BGB ist als **Ausnahmevorschrift** für besondere Rücktrittssachverhalte nicht analogiefähig. Auch § 325 BGB soll nur parallele Anwendbarkeit ermöglichen, nicht bestehende Unterschiede nivellieren.
- Schon die vorzeitige Rücktrittsbefugnis nach § 323 IV BGB ist ein erheblicher **Eingriff in die Schuldnerinteressen und ins Synallagma** – und das wegen einer Gefährdung, die nicht zwingend dem Schuldner zuzurechnen ist. Ein noch weitergehender Eingriff ist abzulehnen.

Fundstelle: *Jaensch*, ZGS 2004, 134 (139 f.)

63 Beiderseits zu vertretende Unmöglichkeit

P
§ 326
Rn 15

Im Fall der Unmöglichkeit *einer* Leistung nach § 275 I BGB erlischt nach dem Grundsatz des § 326 I BGB verschuldensunabhängig die *Gegen*leistung. Eine Ausnahme macht § 326 II BGB, wenn der Gläubiger allein oder weit überwiegend für die Unmöglichkeit verantwortlich ist. Was unterhalb der Grenze der weit überwiegenden Verantwortlichkeit gilt, ist gesetzlich nicht geregelt. Einigkeit besteht darüber, dass der Gläubiger gegen den Schuldner einen nach § 254 BGB zu kürzenden Anspruch gemäß §§ 280 I, III, 283 BGB auf Schadenersatz hat. Über diese bloße Gesetzesanwendung hinaus ist aber umstritten,

Streitstand ⇨ **was bei beiderseits zu vertretender Unmöglichkeit mit dem Gegenleistungsanspruch (S gg. G) passiert und insbesondere, ob S gg. G einen Schadenersatzanspruch hat.**

a) Doppelte Schadenersatztheorie

Überwiegend bejaht man einen nach § 254 BGB zu kürzenden **Schadenersatzanspruch** des S gg. G gemäß §§ 280 I BGB. Die verletzte Pflicht, den Gegenleistungsanspruch nicht zum Untergang zu bringen, folge aus 241 II BGB; der Schaden sei der Verlust eben dieses Anspruchs nach § 326 I BGB.

Argument:

- Die vorliegende Konstellation muss aus Gerechtigkeitsaspekten genauso gelöst werden wie andere beiderseits zu vertretende Pflichtverletzungen.

b) Strenge Regel-Ausnahme-Theorie

Einige verweisen bei Fehlen der Voraussetzungen des § 326 II BGB auf den **Grundsatz des § 326 I BGB**; danach entfiele der Gegenleistungsanspruch.

Argumente:

- Die Gesetzgebungsmaterialien haben den Streitstand nicht explizit der Wissenschaft überlassen. Daher ist davon auszugehen, dass das Problem in **§§ 326 I und II BGB vollständig und abschließend** gelöst werden sollte.
- Die Lösung am Gesetz hat den Vorteil der Einfachheit und Eindeutigkeit. Sie ist auch gerecht, denn auch im Fall der von keiner Seite zu vertretenden Unmöglichkeit bleibt die Gegenleistungsgefahr unstreitig beim Schuldner.

Hinweise

- Zum Teil wird in der Literatur dem S nicht ein gekürzter *Schadenersatz-*, sondern ein gekürzter *Gegenleistungs*anspruch zuerkannt. Vom wirtschaftlichen Ergebnis her besteht zur (hier) ersten Meinung kein Unterschied.
- **Was genau** der Gläubiger im Sinne von § 326 II zu „verantworten" hat, ist gesetzlich nicht geregelt, denn die §§ 276-278 BGB regeln nur das Vertretenmüssen des Schuldners:
  - Auch heute noch wird daher vereinzelt ein **allgemeiner Sphärengedanke** vertreten. Da der Wortlaut des § 326 II BGB gerade nicht von „Vertretenmüssen" spricht, müsse der zur Konkretisierung von § 615 BGB im Arbeitsrecht entwickelte Gedanke des Betriebsrisikos als allgemeiner Grundsatz des bürgerlichen Rechts (vgl. §§ 537, 615, 645 BGB) hier herangezogen werden muss.
  - Nach ganz überwiegender Ansicht kommt es v.a. auf eine ausdrückliche oder konkludente – ggf. auch im Wege ergänzender Vertragsauslegung zu ermittelnde – Risikoübernahme an (Stichwort: ***§ 311 I BGB***). Darüber hinaus sind die **§§ 276-278 BGB analog** anzuwenden.
- Zu beachten sind in der Klausur neben § 326 II BGB auch die zahlreichen weiteren Ausnahmen vom Grundsatz des § 326 I BGB, vgl. §§ 446 f.; 615 f.; 644; 645; 2380 BGB; 3 EFZG und 56 S. 1 ZVG. Lesen Sie solche Normhinweise immer nach! Kommentieren Sie sich die Normen bei Bedarf – im Rahmen des jeweils Zulässigen – in ihrem Gesetzestext.

Fundstellen

Canaris in: Festschrift für E. Lorenz (2004), 147; *Gruber*, JuS 2002, 1066

64 Kodifikation des Vertrages mit Schutzwirkung zugunsten Dritter in § 311 III BGB?

P
§ 311
Rn 60

Die Rechtsnatur des Vertrages mit Schutzwirkung zugunsten Dritter (VSzD) ist umstritten: Während ein Teil Literatur dies als *durch Treu und Glauben geprägte richterliche Rechtsfortbildung* ansieht, geht die Rspr. von *ergänzender Vertragsauslegung* aus, um den Besonderheiten des Einzelfalls Rechnung zu tragen. Gegen Letzteres spricht, dass die VSzD-Grundsätze unstreitig auch auf *vor*vertragliche Schuldverhältnisse anwendbar sind und dass in diesem Fall aber gerade kein Vertrag vorhanden ist, der (ergänzend) ausgelegt werden kann.
Seit der Schuldrechtsreform ist zudem umstritten,

Streitstand ⇨ **ob die Rechtsfigur des VSzD heute in dem neu geschaffenen § 311 III BGB kodifiziert ist.**

a) Rechtsfortbildungstheorie

Einige verneinen dies, **analog** anzuwenden seien vielmehr die **§§ 328 ff. BGB**.

Argumente:

- Der **systematische Zusammenhang** mit § 311 II BGB und auch die Formulierung von § 311 III 2 BGB zeigen, dass hier nur besondere Fallgruppen der culpa in contrahendo festgeschrieben sind.
- Wenn der **Gesetzgeber** den VSzD hätte kodifizieren wollen, hätte er sich dazu in den Materialien geäußert und dies im Gesetz deutlich gemacht.

b) Kodifikationstheorie

Andere meinen, der VSzD sei in **§ 311 III BGB** zu verorten.

Argumente:

- Der **Wortlaut** des § 311 III BGB lässt eine solche Auslegung zu.
- Dass in § 311 III 2 BGB nur die *Haftung* Dritter geregelt ist, steht nicht entgegen, denn aus der Formulierung „insbesondere“ ist ersichtlich, dass der Gesetzgeber hier keine abschließende Regelung normieren wollte.
- Eine analoge Anwendung der Regeln über den Vertrag zugunsten Dritter ist hingegen nicht sachgerecht, denn beim VSzD geht es nicht um einen eigenen *Leistungs*anspruch des Dritten. (Stichwort: ***§§ 328 ff. passen nicht***)

Hinweis

Die Relevanz dieses Streitstand beschränkt sich auf den Klausuraufbau; entscheidend sind die ungeschriebenen Erfordernisse der Rspr. (vgl. **STREITSTAND 65**).

65 Vertrag mit Schutzwirkung zugunsten Dritter bei gegenläufigen Interessen

P
§ 328
Rn 17a

Da die Einbeziehung Dritter in ein Schuldverhältnis dem Grundsatz der Relativität der Schuldverhältnisse widerspricht, wird sie nur unter strengen Voraussetzungen zugelassen. Für den VSzD hat die Rspr. vier Kriterien aufgestellt, die Sie in der Klausur kennen sollten: **1. Leistungsnähe des Dritten** (d.h. der Dritte ist vergleichbar gefährdet wie der Gläubiger), **2. Gläubigernähe** (Schutzinteresse des Gläubigers), **3.** Normative **Erkennbarkeit** dieser Umstände für den Schuldner und **4. Schutzwürdigkeit des Dritten** (d.h. der Dritte hat keine anderen vertraglichen Schadenersatzansprüche).
Speziell zur Gläubigernähe ist zwar heute kein personenrechtlicher Einschlag (sog. *„Wohl und Wehe"-Formel*) im Sinne einer familien-, arbeits- oder mietvertraglichen Fürsorgepflicht mehr nötig, wohl aber ein *„berechtigtes Interesse des Gläubigers an der Einbeziehung des Dritten"*. Diesbezüglich ist umstritten, ob

Streitstand ⇨ **Gläubigernähe vorliegt, wenn die Interessen von Gläubiger und Drittem *gegenläufig* sind.**

Bsp.: Der Schuldner erstellt ein Gutachten zur Vorbereitung eines Kaufvertrags zwischen Gläubiger und Drittem. Einbeziehungsinteresse des G?

a) Einbeziehungstheorie

Insbesondere die Rspr. **bejaht einen VSzD**, verneint dabei aber § 334 BGB.

Argumente:

- *Rechtlich* gesehen haben Gläubiger und Dritter im Beispiel keine gegenläufigen, sondern ein übereinstimmendes Interesse an der Richtigkeit des Gutachtens. Auch will der Gläubiger das Vertrauen des Dritten in die Glaubwürdigkeit des Gutachters und in die Richtigkeit des Gutachtens verhandlungstaktisch nutzen. (Stichwort: ***faktische / rechtliche Interessen***)
- Da ein VSzD auf Vertragsauslegung beruht, besteht zur früheren Rspr. kein Widerspruch. Bei privatautonomer Vereinbarung können die Parteien auch dem Gläubiger fernerstehende Person einbeziehen.

b) Theorie vom selbständigen Schuldverhältnis

Die Literatur **lehnt einen VSzD ab**, denkbar sei allenfalls culpa in contrahendo.

Argumente:

- Eine ausschließlich über den Gläubiger konstruierte, derivative Rechtsposition wird der Situation des Dritten nicht gerecht. Dabei auch noch § 334 BGB als abbedungen anzusehen, ist pure Fiktion. Da der Dritte auch unabhängig vom Gläubiger Schadenersatzansprüche gegen den Schuldner (zB aus §§ 280 I, 311 II BGB) hat, fehlt es für einen VSzD *jedenfalls* an seiner Schutzwürdigkeit. (Stichwort: ***cic passt besser als VSzD***)

- Selbst nach Überwindung der „Wohl und Wehe-Formel" ist es verfehlt, ein Schutzinteresse für einen Vertrags*gegner* zu konstruieren. Auch eine ergänzende Vertragsauslegung ist an die Interessen der Parteien gebunden.
- Die Gegenansicht nimmt der Gläubigernähe ihr einschränkendes Moment, denn der Kreis der potentiell Einbezogenen und die damit verbundenen Haftungsrisiken wären unkalkulierbar. (Stichwort: ***uferlose Ausweitung***)

Hinweise

- Im Rahmen der ersten Auffassung ist man sich über die **Unanwendbarkeit von § 334 BGB** einig, lediglich die Begründungen variieren: *Einige* nehmen einen stillschweigenden Ausschluss an. *Andere* wenden zwar §§ 328 ff. BGB analog auf den VSzD an, mangels vergleichbarer Interessenlage aber §§ 334 f. BGB generell nicht. *Wiederum andere* berufen sich auf ein venire contra factum proprium (§ 242 BGB): Der Gutachter könne nicht besonderes Expertenwissen für sich beanspruchen und gleichzeitig die Haftung wegen Täuschung durch den Gläubiger ausschließen.
- Ob der „Dritte" beim VSzD ein einzelnes Kreditinstitut ist oder aus einer Vielzahl von Kreditgebern besteht, ist nach der Rspr. ebenso irrelevant wie die Frage, ob der Schuldner ihn kennt (vgl. BGH NJW 2004, 3035).
- Umstritten ist, ob dem Dritten auch bei **Verletzung von Leistungspflichten** ein Schadenersatzanspruch zustehen kann (zB: Ein Rechtsanwalt erbringt die geschuldete Testamentserrichtung nicht, daraufhin verlangt die geprellte Alleinerbin Schadenersatz, vgl. BGH JZ 1966, 141):
  - *Dagegen* spricht, dass ein solcher SE wegen Nichterfüllung nur Inhabern des vorherigen *Erfüllungs*anspruchs zustehen kann, gegenüber dem Dritten aber gemäß § 311 III 1 BGB allenfalls *Schutz*pflichten bestehen.
  - *Andererseits* darf es keinen Unterschied machen, ob *schlecht* (zB Formfehler der Urkundsperson) oder *nicht* (vgl. Bsp. oben) erfüllt wird. Auch können Pflichten eine Doppelnatur haben: Was ggü. dem Gläubiger *Haupt*pflicht ist, kann ggü. dem Dritten *Neben*pflicht sein.

Fundstelle

Canaris, JZ 1995, 441

66 Analoge Anwendung von § 346 III 1 Nr. 1 BGB auf den *Verbrauch* der Sache

P
§ 346
Rn 11

Während § 346 II 1 Nr. 2 BGB eine Wertersatzpflicht für Verbrauch, Veräußerung, Belastung, Verarbeitung und Umgestaltung der zurückzugewährenden Sache vorsieht, ist die privilegierende Ausnahme des § 346 III 1 Nr. 1 BGB darauf beschränkt, dass sich der zum Rücktritt berechtigende Mangel erst *bei* (bzw. a fortiori „*nach*") Verarbeitung und Umgestaltung zeigt. Umstritten ist,

Streitstand ⇨ **ob § 346 III 1 Nr.1 BGB durch analoge Anwendung auch für den *Verbrauch* der Sache gilt.**

Bsp.: Der Speisende entdeckt während des Essens eine Schnecke im Salat.

a) Wortlautgetreue Lösung

Vereinzelt wird diese Analogie abgelehnt.

Argument:

- Es besteht schon **keine Regelungslücke**: Der Gesetzgeber sah den Sach*verbrauch* als eigenständige Fallgruppe an und sparte ihn, anders als in § 346 II 1 Nr. 2 BGB, willentlich aus. (Stichwort: ***346 II 1 Nr.2 e contrario***)

b) Analogielösung

Viele befürworten eine solche **Gleichstellung von Ver- und Gebrauch**.

Argumente:

- Mangels ausdrücklichen gesetzgeberischen Hinweises ist von einem Fortgelten der früheren Rechtslage auszugehen. Danach war auch bei Sach*verbrauch* ein Rücktritt ohne Ersatzpflicht möglich. (Stichwort: ***Lücke***)
- Die Privilegierung erfolgt, weil wegen des Mangels bei der Umgestaltung/Verarbeitung nicht der gewollte Mehrwert, sondern ein wertloses Endprodukt geschaffen wird. Aus dem gleichen Grund kann auch dem verbrauchenden Rücktrittsberechtigten kein widersprüchliches Verhalten vorgeworfen werden. (Stichwort: ***vergleichbare Interessenlage***)
- Eine Differenzierung zwischen Verbrauch und substanzerhaltendem Gebrauch ist nicht sachgerecht, weil auch fortdauernder Gebrauch häufig zu Verschleiß führt. (Stichwort: ***Abgrenzungsschwierigkeit: Ge-/Verbrauch***)

Hinweis

Für den bereits verbrauchten Teil ist natürlich **§ 346 III 2 BGB** zu beachten.

67 Analoge Anwendung von § 346 III 1 Nr. 1 BGB auf die *Veräußerung* der Sache

P
§ 346
Rn 8a

Nach § 346 II 1 Nr. 2 BGB ist auch im Fall der Veräußerung Wertersatz statt Rückgewähr in Natur zu leisten. Dies ist gerechtfertigt, weil der Rückgewährgläubiger bereit war, die Sache für eine Gegenleistung herzugeben und daher in der Regel kein schützenswertes Interesse am Erhalt der Sache selbst hat. Ebenso wie beim vorherigen Streitstand stellt sich hier die Frage,

Streitstand ⇨ **ob § 346 III 1 Nr. 1 BGB auf die *Veräußerung* der Rückgewährsache analog anzuwenden ist.**

a) Wortlautgetreue Lösung

Diese Analogie wird überwiegend **abgelehnt**.

Argumente:

- Zweck der Neuregelung der §§ 346 ff. BGB war es, alte Streitstände zu überwinden. Angesichts der eindeutigen Differenzierung zwischen §§ 346 II 1 Nr. 2 und III 1 Nr. 1 BGB liegt **keine Gesetzeslücke** vor.
- Auch eine **vergleichbare Interessenlage fehlt**: Bei einer Veräußerung bleibt der Wert der Ware trotz eines Mangels typischerweise erhalten, während ein Mangel bei Verarbeitung und Umgestaltung regelmäßig zu einer Wertminderung des Endprodukts führt.

b) Analogielösung

Vereinzelt wird eine Analogie für den Fall **bejaht**, dass der Rücktrittsschuldner die Sache veräußerte, *bevor* er Kenntnis vom Rücktrittsgrund hatte.

Argument:

- Auch bei einer Rückgewähr der Sache *in Natur* trägt der Rücktritts*gläubiger* das Risiko eines allgemeinen Preisverfalls. Wenn die Sache schon weiterveräußert wurde, kann nichts anderes gelten.

Hinweis

Nach dem insoweit eindeutigen Wortlaut des Gesetzes ist es für § 346 III 1 Nr. 1 BGB irrelevant, *wer* die Verarbeitung/Umgestaltung vornimmt.

Fundstelle

Benicke, ZGS 2002, 369

68 Wertungskorrekturen bei § 346 III 1 Nr. 3 BGB

P
§ 346
Rn 13

§ 346 III 1 Nr. 3 BGB erfasst dem Wortlaut nach nur das *gesetzliche Rücktrittsrecht* und durch die Verweisung in § 357 I, III 3 BGB auch das gesetzliche *Widerrufsrecht*, aber nicht ein *vertragliches Rücktrittsrecht*. Anerkannt ist eine entsprechende Anwendung von § 346 III 1 Nr. 3 BGB auf ein **vertragliches Rücktrittsrecht**, das nur Ausformung oder Modifikation eines gesetzlichen Rücktrittsrechts ist, also zB bei Anknüpfen an das Ausbleiben einer Leistung. (Stichwort: ***erstens anerkannt: Analogie***) Ebenso unstreitig ist eine teleologische Reduktion im Fall von **§ 313 III BGB**. Weil hier das gesetzliche Rücktrittsrecht nicht auf einer Pflichtverletzung des Gegners beruht, wäre eine Haftungserleichterung eine doppelte Privilegierung des Rücktrittsberechtigten. (Stichwort: ***zweitens anerkannt: tel. Red.***). Streitig ist aber eine ***dritte Wertungskorrektur***, nämlich die Frage, ob

Streitstand ⇨ **§ 346 III 1 Nr. 3 BGB teleologisch so zu reduzieren ist, dass die Norm zeitlich *ab Kenntnis des gesetzlichen Rücktrittsrechts* nicht mehr greift.**

a) Wortlautgetreue Lösung

Einige Stimmen der Literatur **lehnen diese Wertungskorrektur ab**.

Argumente:

- Dem Rücktrittsberechtigten kommt die Haftungserleichterung zugute, weil der Rücktrittsgegner vertragswidrig geleistet hat. (Stichwort: ***Telos: Ausgleich für vertragswidriges Verhalten***)
- Der **Gesetzgeber** entschied sich bewusst gegen Kenntnis bzw. Kennenmüssen als Merkmal der Vorschrift. Die Feststellung des jeweils maßgeblichen Zeitpunkts stieße zudem auf **praktische Schwierigkeiten**.
- Nach § 357 III 3 BGB ist die Haftungserleichterung nur für die Kenntnis des Widerrufsrechts ausgeschlossen. (Stichwort: ***357 III 3 e contrario***)

b) Korrigierende Wertersatzlösung

Andere wollen die Norm ab Kenntnis [zT auch bereits ab Kennenmüssen] des Rücktrittsrechts im Wege **teleologischer Reduktion** nicht anwenden.

Argumente:

- Wer in die Endgültigkeit des Erwerbs vertraut, darf eine Sache wie sein restliches Vermögen behandeln. Dieses Vertrauen besteht aber ab Kenntnis vom gesetzlichen Rücktrittsrecht genauso wenig wie beim vertraglichen. (Stichwort: ***Telos: Vertrauen in Endgültigkeit des Erwerbs***)

- **§ 357 III 3 BGB** basiert auf einem allgemeinen Grundsatz und **hat lediglich Klarstellungsfunktion**, dass diese Ausnahme auch für das Widerrufsrecht gilt. [Beachte: Kritisiert wird hiermit eine grundlegende methodische Schwäche, die *jedem* argumentum e contrario anhaftet.] Im Übrigen kann die von der Gegenansicht in § 346 III 1 Nr. 3 BGB herein gelesene ratio legis § 357 III 3 BGB nicht erklären. Denn dort ist die Vertragstreue des Rücktrittsgegners irrelevant. (Stichwort: ***Telos muss 357 III 3 erklären können***)

Hinweise

- Innerhalb der zweiten Auffassung ist umstritten, ob der Rücktrittsberechtigte **auch für zufälligen Untergang** Wertersatz leisten muss, in welchem Maße also eine Gleichstellung mit vertraglichen Rücktrittsrechten gewollt ist.
- Das obige Problem betrifft nur den **Wert**ersatz gemäß § 346 II 1 Nr. 3 BGB. Hiervon unabhängig ist die Frage nach **Schadenersatz**:
  - *Zum Teil* wird als verletzte Pflicht im Sinne des § 280 I BGB die Rückgewährpflicht aus § 346 I BGB angeführt, oder aber eine Rücksichtnahmepflicht nach § 241 II BGB. Für diese Lösung spricht der klarstellende § 346 IV BGB und die hierdurch erreichte konsequente Gleichstellung von gesetzlichem und vertraglichem Rücktrittsrecht.
  - Dies unterliefe *aber* das differenzierte System der Wertersatzhaftung.
  - *Andere* konstruieren über §§ 820 I 2, 818 IV, 292 I, 989 BGB eine von §§ 280 ff. BGB unabhängige Verschuldenshaftung. Hierbei wird dem Rücktrittsberechtigten sein die Rückgewähr ausschließendes Verhalten während der Schwebelage vorgeworfen.
- Für das *Ergebnis* sind die **zwei unterschiedlichen teleologischen Erklärungen** (vgl. oben die jeweils ersten Argumente) und für die *rechtliche Konstruktion* sind **drei unterschiedliche Zeitpunkte** relevant (1. Leistungsaustausch, 2. Kenntnis bzw. grob fahrlässige Unkenntnis und 3. Ausübung des Rücktrittsrechts). Ob der Gesetzgeber in § 346 IV BGB willentlich oder versehentlich auf letzteren Zeitpunkt abgestellt hat, wird unterschiedlich beurteilt, so dass es zu zwei unterschiedlichen Streitständen (vgl. oben *Wert-* und *Schadenersatz*) kommt. Für die Klausur sollten Sie beide kennen.
- Diskutiert wird eine tel. Red. auch beim Eigentumsvorbehalt, ZGS 2006, 339.

Fundstelle

Schwab, Examenswissen zum neuen Schuldrecht (2003), 364 ff.

69 Europarechtskonformität der Widerrufsrechtsfolge des § 357 III 1 BGB

P
§ 357
Rn 14

Nach § 357 III 1 BGB muss der Verbraucher Wertersatz für eine Verschlechterung der Sache leisten, die durch ihre bestimmungsgemäße Ingebrauchnahme entstanden ist. Die Norm dient der Umsetzung der Fernabsatzrichtlinie. Nach deren Art. 6 I 2 und II 2 dürfen aber dem Verbraucher keine weiteren Kosten als die der unmittelbaren Rücksendung auferlegt werden. Umstritten ist daher,

Streitstand ⇨ **ob § 357 III 1 BGB mit dieser Regelung in der Fernabsatzrichtlinie vereinbar ist.**

a) Theorie der Unvereinbarkeit

Einige sehen **§ 357 III 1 BGB** als **europarechtswidrig** an.

Argumente:

- Die Wertersatzpflicht hält den Verbraucher in praxi vom Widerruf ab.
- Auf den Unterschied zwischen „Kosten“ und „Wertersatz“ abzustellen, ist aufgrund der objektiven Mehrdeutigkeit der Richtlinienwortlaute verfehlt. Die englische Fassung der Richtlinie nennt zB nicht „costs“, sondern „charge“.

b) Theorie der Europarechtskonformität

Andere sprechen sich für die **europarechtliche Vereinbarkeit** der Norm aus.

Argumente:

- Der in § 357 III 1 BGB genannte Wertersatz ist **nicht** gleichzusetzen mit **„Kosten“**, die **„infolge des Widerrufs“** entstehen, sondern Kompensation für Nachteile, die durch vorherige Benutzung der Sache entstanden sind.
- Art. 6 der Richtlinie regelt kein abschließendes negatives Wertersatzsystem. Nach deren **Erwägungsgrund 14** können die Mitgliedstaaten vielmehr die Einzelheiten für die Ausübung des Widerrufsrechts selbst normieren.

Hinweis

Eine richtlinienkonforme Auslegung ist durch Beschränkung des Wertersatzes der Höhe nach denkbar, zB auf den Teil der Verschlechterung, der auf einer Benutzung der Sache beruht, die nicht unerheblich über einen zur Prüfung angemessenen Umfang hinaus geht (vgl. *Schinkels* ZGS 2005, 179, 183).

70 Erfüllungserfordernisse über Herbeiführung des Leistungserfolgs hinaus?

P
§ 362
Rn 5 ff.

Erfüllung setzt *jedenfalls* das Bewirken des geschuldeten Leistungserfolgs an den Gläubiger (§ 362 I BGB) bzw. Dritte (§ 362 II BGB) voraus. Vom Gesetzgeber bewusst offen gelassen und noch immer umstritten ist aber,

Streitstand ⇨ **ob zusätzlich zur tatsächlichen Erfolgsherbeiführung weitere Voraussetzungen nötig sind.**

a) Theorie vom Erfüllungs*vertrag*

Früher forderte man teilweise eine **vertragliche** Leistungszweckvereinbarung.

Argument:

- **§ 181 BGB** charakterisiert die Erfüllung als Rechtsgeschäft und **§ 363 BGB** setzt eine vertragliche Einigung voraus. Die §§ 366 f. BGB sollen lediglich die entstehenden vertraglichen Lücken füllen. Ohne Erfüllungsvertrag bestünde auch kein **Rechtsgrund** im Sinne des § 812 I 1, Fall 1 BGB.

b) Theorie der *finalen* Leistungsbewirkung

Andere fordern einen in einer **Tilgungszweckbestimmung** (TZB) zum Ausdruck gebrachten Erfüllungswillen des Schuldners. Die TZB wird teilweise als rechtsgeschäftliche, überwiegend als rechtsgeschäfts*ähnliche* Handlung angesehen, weil die Rechtsfolge nicht willensbasiert, sondern ex lege eintritt.

Argumente:

- Das Gesetz selbst stellt in **§ 362 I BGB** einen inneren Zusammenhang von Leistungsbewirkung und Schuld her. Auch **§ 366 I, II BGB** setzt dies voraus.
- Die Notwendigkeit einer Tilgungszweckbestimmung ist in zahlreichen Fällen anerkannt: Bei Leistung durch einen Dritten (§ 267 BGB), Vorausleistungen, mehreren inhaltsgleichen Rechten des Gläubigers und Banküberweisungen ebenso wie im Fall einer negativen oder bedingten Zweckbestimmung. (Stichwort: ***Für viele Fälle bereits anerkannt.***)
- Im Bereicherungsrecht ist ein finaler Leistungsbegriff anerkannt. Eine Leistung darf aber nicht allein deshalb anders behandelt werden, weil ihr Ziel nicht erreicht wurde. Nur so werden auch Erfüllung und Erfüllungssurrogate gleich behandelt. (Stichwort: ***Wertungsgleichklang 362 ff. ⇔ 812 ff.***)
- Eine rein reale Leistungsbewirkung (Meinung 3) kann Irrtums- und Dissenskonstellationen nicht sinnvoll lösen, die Vertragstheorie (Meinung 1) vermag die in § 366 BGB vorausgesetzte einseitige Bestimmung nicht zu erklären.

c) Theorie der *realen* Leistungsbewirkung

Überwiegend geht man davon aus, dass die rein tatsächliche Herbeiführung des Leistungserfolgs zum Bewirken der geschuldeten Leistung ausreicht.

Argumente:

- Hierfür sprechen der insoweit eindeutige **Wortlaut des § 362 I BGB** sowie die **Existenz des § 366 II BGB**, der sonst nicht erklärt werden kann.
- Viele Erfüllungshandlungen erschöpfen sich in rein tatsächlichen Handlungen: So ist zB bei Unterlassungen, Mitteilungen oder Dienstleistungen in der Regel keine Mitwirkung des Gläubigers notwendig. Natürlich ist es dem Schuldner *möglich*, eine gesonderte Zweckbestimmung zu treffen. Diese aber für alle Fälle *zwingend* zu fordern, liefe auf **lebensfremde Fiktionen** hinaus. (Stichwort: ***Möglichkeit ≠> Notwendigkeit***)
- Andernfalls könnte ein geschäftsunfähiger Schuldner nicht erfüllen und sich die Gegenleistung nicht verdienen. (Stichwort: ***Geschäftsunfähigkeit***)

Hinweise

- Teilweise wird **differenziert**: Bei *tatsächlichen* Leistungen reiche reale Leistungsbewirkung aus, für *rechtsgeschäftliche* sei ein Erfüllungsvertrag nötig.
- Umstritten ist auch die **Leistung an einen Minderjährigen**. Bejaht man die finale Leistungsbewirkung (Meinung 2) ist § 131 II BGB (entsprechend) anwendbar. Im Rahmen der realen Leistungsbewirkung wird zum Teil eine „Empfangszuständigkeit" gefordert und bei Minderjährigen verneint:
  - *Dafür* spricht der erhöhte Minderjährigenschutz. Auch folgt bereits aus §§ 362 II, 185 BGB, dass Gläubigerschaft allein nicht ausreicht.
  - *Dagegen* wird angeführt, dass es „rechtlich vorteilhaft" (§ 107 BGB) ist, eine Sache selbst statt nur einen Anspruch auf sie zu haben. Im Wertungseinklang mit § 181 BGB ist auf das willkürliche, ungeschriebene Kriterium der Empfangszuständigkeit zu verzichten. Auch wäre es begriffsjuristisch, eine Handschenkung (§ 516 BGB) an Minderjährige als wirksam anzusehen, bei § 518 BGB aber auf den Forderungsverlust als rechtlichen Nachteil abzustellen.

Fundstelle

Muscheler/Bloch, JuS 2000, 729 (731 ff.)

71 Präklusion nach § 767 II ZPO bei Gestaltungsrechten

P
§ 388
Rn 6

Ein Vollstreckungsschuldner ist mit einer materiellen Einwendung gemäß § 767 II ZPO präkludiert, wenn die Gründe, auf denen die Einwendung beruht, bereits vor dem Schluss der mündlichen Verhandlung im Vorprozess entstanden sind. Seine Vollstreckungsgegenklage hat dann keinen Erfolg. Schon lange ist umstritten, wann solche Gründe bei Gestaltungsrechten genau „entstanden" sind. Während nach der **Literatur** die *Ausübung* (also die Gestaltungs*erklärung*) maßgeblich sein soll, stellt die **Rspr.** auf das *Bestehen* des Rechts (also zB die Aufrechnungs*lage*) ab. Umstritten ist also

Streitstand ⇨ **der bei Gestaltungsrechten für die Präklusion des § 767 II ZPO maßgebliche Gesichtspunkt.**

a) Theorie der Gestaltungs*erklärung*

Die herrschende Lehre stellt auf den Zeitpunkt der **Ausübung** des Rechts ab.

Argumente:

- Hierfür spricht die **Existenz des § 770 BGB**: Daraus folgt, dass die bloße Gestaltbarkeit noch keine Einwendung ergibt, denn sonst wäre diese Norm neben §§ 767 I 1, 768 I 1 BGB nicht notwendig. (Stichwort: ***Systematik***)
- Ein Abstellen bereits auf die *Möglichkeit* der Gestaltung führt dazu, dass vom materiellen Recht gewährte Fristen (zB §§ 121, 124 BGB) nicht voll ausgeschöpft werden können. **Beim Widerrufsrecht** wird dies in besonderer Weise deutlich, da es vom Gesetzgeber bewusst als **Überlegungsfrist** ausgestaltet wurde, um effektiven Verbraucherschutz zu gewährleisten. Andere Gestaltungsrechte wie die Aufrechnung sind sogar unbefristet möglich.
- Wenn der Vollstreckungs*gläubiger* unabhängig von § 767 II ZPO jederzeit aufrechnen kann, muss diese Möglichkeit dem Vollstreckungs*schuldner* auch gegeben werden. (Stichwort: ***Prozessuale Waffengleichheit***)
- Der Vollstreckungsschuldner kann (bzw. soll) auch *nach* dem in § 767 II ZPO genannten Zeitpunkt noch erfüllen. Gleiches muss für das **Erfüllungssurrogat** der Aufrechnung gelten.
- **Präklusionsvorschriften** wie § 767 II ZPO sind generell **eng auszulegen**, weil sie Fehlurteile zur Folge haben.

b) Theorie der Gestaltungs*lage*

Vor allem die ständige Rspr. des BGH stellt auf das Vorliegen der **objektiven Voraussetzungen** des Gestaltungsrechts ab.

Argumente:

- Der **Wortlaut** nennt „die Gründe, auf denen die Einwendungen *beruhen*". Tragender Grund der Einwendung ist aber die Gestaltungs*lage*. Denn die *Ausübung* des Gestaltungsrechts ist bloß **rechtstechnische Formalität**.
- § 767 II BGB dient dem **Schutz der** Rechtssicherheit stiftenden **Rechtskraft**. Diese vermag der materiellen Gerechtigkeit Grenzen zu setzen.
- Die Folge wäre sonst Prozess- und Vollstreckungsverschleppung sowie Flucht in die Vollstreckungsabwehr vor drohender Präklusion (Stichwort: ***Konzentrationsmaxime***)
- Die genannten Fristen (§§ 121, 124 BGB) sind im Vergleich zur Nichtigkeit eine Besserstellung, weil sie eine erweiterte Wahlmöglichkeit geben. Es ist nicht zwingend, dass die Fristen voll ausgeschöpft werden müssen.
- Obgleich Erfüllungssurrogat, so ist die Aufrechnung nicht der Erfüllung gleichzusetzen. Einen wichtigen Unterschied zeigt bereits § 215 BGB. (Stichwort: ***Aufrechnung ≠ Erfüllung***)

Hinweise

- Vereinzelt will man **analog § 533 ZPO** eine Präklusion nur bei *Einwilligung* des Vollstreckungsgläubigers oder bei *Sachdienlichkeit* ausschließen.
- Wiederum andere schlagen eine **Analogie zu § 296 ZPO** vor: Entscheidende Frage sei nämlich, ob aus dem Prozessrecht eine Obliegenheit folge, materiell unbefristete Gestaltungsrechte zum Zwecke der Prozessbeschleunigung zu einem bestimmten Zeitpunkt geltend zu machen.
- Der Streitstand kann Ihnen in der Klausur für jedes Gestaltungsrecht begegnen. Sie sollten ihre Argumente gezielt auswählen und modifizieren, in dem Sie zB auf die Besonderheiten des Widerrufsrechts eingehen.
- Für *vertragliche* Gestaltungsrechte macht die Rspr. eine Ausnahme, wenn sich aus der Vertragsauslegung ergibt, dass die Entscheidung über die Gestaltung bis zu einem bestimmten Zeitpunkt unbeschränkt möglich sein soll. (Stichwort: ***Ausnahme: vertragliches Gestaltungsrecht => Bedenkzeit***)
- In einem neueren Urteil hat der BGH seine Position präzisiert: Wenn noch keine Aufrechnungslage bestand, sondern der Vollstreckungsschuldner lediglich die Möglichkeit hatte, diese zu schaffen, soll das für eine Präklusion nicht ausreichen (vgl. BGHZ 163, 339-343). Zur Kritik hierzu und Konsequenzen für die Wahlmöglichkeit des Käufers zwischen der Vielzahl kaufrechtlicher Rechtsbehelfe vgl. zB *Bornemann* ZGS 2006, 341-348.

72 Kollision von verlängertem Eigentumsvorbehalt und Globalzession

P
§ 398
Rn 24 f

Bei einem *verlängerten* Eigentumsvorbehalt vereinbaren die Parteien zusätzlich zu der aufschiebenden Bedingung der vollständigen Kaufpreiszahlung (= einfacher Eigentumsvorbehalt) regelmäßig dreierlei: 1. Ermächtigung zur Veräußerung des Kaufgegenstandes (§ 185 BGB) für den Vorbehaltskäufer, 2. Vorausabtretung der Forderungen aus den Weiterverkäufen an den Vorbehaltsverkäufer und 3. Einziehungsermächtigung für den Vorbehaltskäufer. Ein solcher *Waren*kredit kann mit einer Globalzession zugunsten eines *Geld*kreditgebers kollidieren. Ausgangspunkt ist dann der bereits in § 185 II 2 BGB angelegte **Grundsatz der Priorität**, demzufolge bei mehreren Zessionen nur die jeweils erste wirksam ist. Wurde der verlängerte Eigentumsvorbehalt *vor* der Globalzession vereinbart, bleibt es bei diesem Grundsatz. Streitig ist aber, ob auch *im Übrigen* dem Waren- vor dem Geldkredit ein Vorrang einzuräumen ist insbesondere,

Streitstand ⇨ **ob bei Zusammentreffen eines verlängerten Eigentumsvorbehalts mit einer zeitlich früheren Globalzession letztere wirksam ist.**

Bsp.: A tritt global gegenwärtige und zukünftige Forderungen zur Sicherheit an die kreditgewährende Bank ab. Danach liefert L ihm Waren unter verlängertem Eigentumsvorbehalt. Wer ist Inhaber der Forderungen?

a) Vertragsbruchtheorie

Die überwiegende Literatur und die Rspr. sprechen sich in diesem Fall für eine **Sittenwidrigkeit der Globalzession** wegen Verleitung zum Vertragsbruch aus.

Argumente:

- Ansonsten hätte der Kreditnehmer nur zwei Möglichkeiten: Bei Offenlegung der Globalzession ließe sich der Lieferant nicht zur Warenlieferung bewegen. Bei Verschweigen der Vorabzession verhielte er sich **vertragsbrüchig** und beginge evtl. sogar Straftaten (zB §§ 246, 263, 266 StGB).
- Ebenso kann man auf den Aspekt der **Schuldnerknebelung** abstellen: Sind verlängerte Eigentumsvorbehalte branchenüblich, dann beeinträchtigt die Bank den Kreditnehmer in seiner wirtschaftlichen Betätigungsmöglichkeit.
- Folgte man der Gegenansicht, gäbe es praktisch keine Kreditvergabe mehr.

b) Prioritätstheorie

Ein Teil der Literatur möchte es streng beim **Grundsatz der Priorität** belassen.

Argumente:

- Eine Verleitung zum Vertragsbruch liegt schon deshalb nicht vor, weil der Geldkreditgeber von der zeitlich späteren Warenlieferung unter verlängertem Eigentumsvorbehalt nichts weiß. (Stichwort: ***Chronologie***) Die subjektiven Elemente von § 138 BGB dürfen nicht übergangen werden.
- Die erste Ansicht ist nur scheinbar gerecht: Eine solche Einzelfalljurisprudenz hat gefährliche Auswirkungen, etwa auf die Kosten und Modalitäten von zukünftigen Krediten. (Stichwort: ***Scheinpositivismus***)

c) Theorie vom generellen Vorrang des Warenkreditgebers

Vereinzelt gewährt man dem **Vorbehaltsverkäufer *stets* Vorrang**.

Argument:

- Der **Warenkreditgeber** erhält die Forderung als Surrogat für die gelieferten Waren und **steht der Forderung** dadurch **„näher"** als der Geldkreditgeber.

Hinweise

- Einige sehen die obigen Alles-oder-Nichts-Lösungen als zu radikal an und sprechen sich für eine **wertmäßige Teilung** entsprechend § 947 BGB aus.
- Die neuere Rspr. ist bestrebt, die strengen Folgen der Vertragsbruchtheorie abzumildern: Danach ist eine Globalzession dann nicht sittenwidrig, wenn sie von vornherein die von einem verlängerten Eigentumsvorbehalt erfassten Forderungen auslässt (Stichwort: ***dingliche Teilverzichtsklausel***). Eine bloße *Verpflichtung* der Bank, die entsprechenden Forderungen an den jeweiligen Warenkreditgeber abzutreten bzw. bereits eingezogene Beträge auszuzahlen (Stichwort: ***Obligatorische Teilverzichtsklauseln***), soll aber nicht genügen. Denn obwohl diese Klauseln ein Bemühen der Bank um einen billigen Ausgleich offenbaren, belasten sie den Warenkreditgeber zusätzlich mit dem Insolvenzrisiko der Bank.
- Machen Sie sich auch die verschiedenen Begrifflichkeiten beim Factoring klar. **„Echtes Factoring"** ist nichts anderes als ein Forderungskauf (§§ 433, 453 BGB). Hier trägt der Factor das Ausfallrisiko, weil der Forderungsverkäufer nur für die Verität (Bestand), nicht aber für die Bonität (Durchsetzbarkeit) haftet. Unter **„unechtem Factoring"** versteht man letztlich einen Darlehensvertrag, bei dem der Rückzahlungsanspruch erfüllungshalber durch Forderungsabtretung erfolgt.

Fundstellen: BGH NJW 1999, 940; MünchKomm/*Oechsler* (2012), Anh zu §§ 929-936 Rn. 22

73 Übergang von Gestaltungsrechten auf den Zessionar

P
§ 398
Rn 18b

Durch die Zession (§§ 398 ff. BGB) nimmt der Zessionar bezüglich der abgetretenen Forderung die Gläubigerstellung des Zedenten ein. Da die ursprüngliche Rechtsposition des Zedenten aber ein ganzes Bündel an Rechten und Pflichten umfasste, herrscht erwartungsgemäß nicht nur in der Praxis Streit darüber, wem genau welche Rechtsposition zusteht. Einigkeit besteht insoweit, dass ebenso wie **sichernde Nebenrechte** (vgl. § 401 BGB und dazu **STREITSTAND 74**) auch **unselbständige Hilfsrechte**, die allein der Ausübung und Durchsetzung der Forderung dienen und daher nur die eigene Rechtsposition berühren, mit übergehen. So folgen zB das Recht zur Fristsetzung, das Wahlrecht bei der Wahlschuld, eine Ersetzungsbefugnis usw. akzessorisch dem führenden Hauptrecht. Noch immer ungeklärt ist jedoch, ob dies auch für andere Gestaltungsrechte gilt, die die Rechtsposition des jeweils anderen berühren, namentlich,

Streitstand ⇨ **wem nach einer Zession das vertragliche/gesetzliche *Rücktrittsrecht* zusteht und wer es in welcher Weise ausüben kann.**

a) Theorie des Zedentenrechts

Überwiegend, auch vom BGH, wird vertreten, das Rücktrittsrecht könne aufgrund der Vertragsfreiheit zwar privatautonom übertragen werden. Soweit dies aber nicht ausdrücklich geschehe, stehe es weiterhin dem **Zedenten** zu. Teilweise fordert man aber eine Bindung an die Zustimmung des Zessionars.

Argumente:

- Das Rücktrittsrecht ist nicht mit der einzelnen Forderung, sondern mit der Parteistellung im Schuldverhältnis verbunden. Die Interessen des Zedenten könnten verletzt werden. (Stichwort: ***einzelne Forderung ≠ Parteistellung)***
- Das Rücktrittsrecht vermittelt weder ein Surrogat noch dient es der Durchsetzung der Forderung. Es darf daher nicht dem Zessionar zustehen.

b) Theorie des Zessionarrechts

Andere sprechen das Rücktrittsrecht automatisch dem **Zessionar** zu.

Argument:

- Beim Zedenten verbleiben Rechte nur, wenn dies wegen einer persönlichen Bindung zum Schuldner oder aus Gründen des Schuldnerschutzes (zB § 404 BGB) unerlässlich ist. Keines von beidem ist hier einschlägig.

c) Theorie der gemeinsamen Ausübung

Vermittelnd wird vertreten, mit der Ausübung müssten **sowohl Zedent als auch Zessionar** einverstanden sein. Wem dabei das Initiativrecht zusteht, wird unterschiedlich beurteilt; überwiegend spricht man es dem Zessionar zu.

Argument:

- **Gegen die ersten beiden Auffassungen** spricht: Ein Rücktritt betrifft Zessionar und Zedent gleichermaßen, Ersteren in seinem Recht auf die Leistung und Letzteren durch den Wegfall seiner Gegenleistungspflicht. Daher ist es nicht gerechtfertigt, dass sich einer von beiden durch einseitige Gestaltung als Herr des gesamten Schuldverhältnisses geriert. Vielmehr müssen – bei Fehlen anderweitiger Vereinbarung – beide zusammenwirken.

Hinweise

- Vereinzelt wird vertreten, es solle nach der **Interessenlage** des jeweiligen Rechtsverhältnisses entschieden werden. *Dagegen* wird angeführt, diese Einzelheiten sollten lediglich Einfluss auf das kausale Innenverhältnis zwischen Zedent und Zessionar haben, da sie ansonsten erhebliche Rechtsunsicherheit stiften würden.
- Eine nach **Fallgruppen** orientierte Lösung vertritt Schwenzer, AcP 182 (1982), 214 (242 ff.).
- Unstreitig kann jedenfalls der zukünftige durch die Ausübung des Rücktrittsrechts entstehende Rückgewähranspruch bereits gemeinsam mit dem Erfüllungsanspruch abgetreten werden.
- Beim **Anfechtungsrecht** ist die Diskussion etwas verschoben:
  - *Einige* sprechen sich hier wegen des engen Bezugs zur Person des Erklärenden (Stichwort: ***höchstpersönlicher Charakter***) generell gegen eine Abtretbarkeit aus. Eine Ausnahme sei nur gerechtfertigt, wenn allein der Zessionar die wirtschaftlichen Folgen des Irrtums zu tragen hat.
  - *Dagegen* spricht, dass es auch ansonsten nicht unüblich ist, dass ein anderer als der Erklärende zur Anfechtung berechtigt ist, etwa bei (zulässiger) **Vererbung des Anfechtungsrechts** oder bei **§ 318 II BGB**.
- Von dem hier referierten Streitstand zu trennen ist die Frage, ob der Zessionar wegen **§ 407 BGB** eine Rechtsausübung durch den Zedenten ausnahmsweise hinnehmen muss, obwohl allein der Zessionar befugt war.

Fundstelle

MünchKomm/*Roth* (2012), § 398 Rn 98 f.

74 Analoge Anwendung von § 401 BGB für nicht akzessorische Sicherungsrechte

P
§ 401
Rn 5

Der Übergang von Neben- und Vorzugsrechten bei einer Zession erfolgt nach dem Wortlaut des § 401 BGB nur für die akzessorischen Sicherungsrechte Hypothek, Pfandrecht und Bürgschaft. Für die streng akzessorische **Vormerkung** ist eine analoge Anwendung anerkannt. Ebenso wendet man die Norm für **unselbständig sichernde Nebenrechte**, wie zB eine Schuldmitübernahme oder den Anspruch auf Bestellung einer Hypothek an. Umstritten ist aber, ob

Streitstand ⇨ **§ 401 BGB auf selbständige, *nicht* akzessorische Sicherungsrechte analog anzuwenden ist.**

a) Automatismustheorie

Vereinzelt wird vertreten, die Norm sei **auf selbständige Sicherungsrechte analog anzuwenden**, sofern die Parteien dies nicht abbedungen hätten.

Argumente:

- Da das Sicherungseigentum als **funktionales Äquivalent des Pfandrechts** geschaffen wurde, ist der Automatismus des § 401 BGB gerechtfertigt.
- Es ist nicht ersichtlich, warum eine kreditgebende Bank eine größere Vertrauensstellung einnehmen soll, wenn sie sich eine Grundschuld statt einer Hypothek bestellen lässt. (Stichwort: ***Vergleich Grundschuld/Hypothek***)

b) Theorie der schuldrechtlichen Nachzeichnung

Ganz überwiegend lehnt man eine solche Analogie ab. Allerdings soll die sonst mittels der Akzessorietät automatisch verhinderte Trennung von Forderung und Sicherheit **durch schuldrechtliche Pflichten nachvollzogen** werden.

Argumente:

- Der automatische Übergang wie bei akzessorischen Rechten wäre mit der **Vertrauensstellung** des treuhänderischen Sicherungsnehmers – der ja mehr „kann" als er „darf" – nicht vereinbar. Jedenfalls bedarf es der Zustimmung des Sicherungsgebers.
- Für akzessorische Rechte gibt es nur die Möglichkeit des Erlöschens oder der Übertragung; bei selbständigen, nichtakzessorischen ist dies anders.

Fundstelle

von Rintelen, Der Übergang nicht-akzessorischer Sicherheiten bei der Forderungszession (1996), S. 4 ff. und 81 ff.

75 Hat der Schuldner bei § 414 BGB ein Zurückweisungsrecht analog § 333 BGB?

P
§ 414
Rn 1

Die privative Schuldübernahme, d.h. der Austausch des Passivlegitimierten bei gleichbleibendem Leistungsinhalt, ist in zwei Arten denkbar: Die Konstruktion über **§ 415 BGB** erfordert eine Genehmigung des Gläubigers, da zwar ein Gläubiger (§§ 398 ff. BGB), wegen des Insolvenzrisikos aber nicht ein Schuldner ohne Zustimmung des Betroffenen ausgetauscht werden darf. Nach dem Wortlaut des **§ 414 BGB** genügt alternativ ein Vertrag zwischen dem Dritten (Schuldübernehmer) und dem Gläubiger ohne Mitwirkung des ursprünglichen Schuldners. Bei dieser Konstellation stellt sich die Frage,

Streitstand ⇨ **ob dem ursprünglichen Schuldner ein Zurückweisungsrecht wie bei § 333 BGB zusteht.**

a) Theorie der fehlenden Einflußnahme

Einige sind der Ansicht, es bestehe **kein Zurückweisungsrecht**.

Argumente:

- Nach **§ 267 I 2 BGB** kann der Schuldner die Erfüllung seiner Verbindlichkeit durch einen Dritten nicht verhindern.
- Der von der Gegenansicht angeführte § 397 BGB ist in Zusammenschau mit § 516 I BGB zu sehen; es soll nämlich lediglich das **Aufdrängen einer unentgeltlichen Zuwendung verhindert** werden. Angesichts der Regressansprüche (Rückgriffskondiktion, GoA) des Schuldübernehmers ist § 414 BGB aber nicht unentgeltlich. Auch betrifft § 397 BGB nur vollständige Schuld*aufhebungen*, nicht Schuld*übernahmen*. (Stichwort: ***397 passt nicht***)
- Der Altschuldner kann von vornherein den Ausschluss von § 414 BGB vereinbaren; eines Rechts nach § 333 BGB bedarf es daher nicht.

b) Zurückweisungstheorie

Andere **bejahen** ein solches Recht unter Hinweis auf ein mögliches Interesse des Schuldners (zB um dem Vorwurf der passiven Bestechung zu entgehen).

Argumente:

- Die Konstruktion des Erlasses (§ 397 BGB) als zweiseitiger **Vertrag** zeigt, dass eine rechtsgeschäftliche Mitwirkung des Schuldners notwendig ist.
- Die ausschließlich gläubigerfreundliche, rechtspolitisch fragwürdige Vorschrift des § 267 I 2 BGB darf nicht analog angewandt werden. Ihr Grundgedanke passt schon deshalb nicht, weil die Schuldübernahme – ebenso wie ihr kon-

struktives Spiegelbild, die (Suk)Zession nach §§ 398 ff. BGB – ausweislich ihrer systematischen Stellung weder Erfüllung noch Erfüllungssurrogat ist. (Stichwort: ***267 I 2 passt nicht***)

Hinweise

- Konsequenz des Zurückweisungsrechts wäre eine Gesamtschuldnerschaft (§§ 421 ff. BGB) zwischen Altschuldner und Schuldübernehmer.
- Aus § 397 BGB wird der allgemeine Grundsatz deutlich, dass entgegen dem allgemeinen Sprachgebrauch auf eine *Forderung* nicht einseitig verzichtet werden kann. Das entspricht auch dem in § 311 I BGB als Grundsatz genannten Vertragserfordernis. Sehr wohl möglich ist ein einseitiger Verzicht dagegen bei *Einreden* (arg: vorausgesetzt in § 768 II BGB) und *Gestaltungsrechten* (arg: § 144 I BGB analog für alle Gestaltungsrechte).
- Eine **Erfüllungsübernahme** (§ 329 BGB) hat nur verpflichtende Wirkung zwischen den Parteien. Bei einer (nach § 311 I BGB, Art. 2 I GG möglichen) **Vertragsübernahme** wird nicht nur eine Schuld, sondern das gesamte vertragliche Bündel an Rechten und Pflichten transferiert. Beides ist zu trennen von der hier behandelten **Schuldübernahme**, die *privativ* (siehe § 414 ff. BGB), *alternativ* (selten) und *kumulativ* (= Schuldbeitritt) denkbar ist.
- Für § 415 BGB sind Erklärungen aller Beteiligten (Gläubiger, Altschuldner und Schuldübernehmer) notwendig. Die genaue Konstruktion ist streitig:
  - *Entweder* handeln die Vereinbarenden **als Nichtberechtigte**, deren Verfügung der Gläubigergenehmigung (§ 185 II 1, Fall 1 BGB) bedarf. Hierfür sprechen Überschrift und Wortlaut von § 414 I 1 BGB.
  - *Oder* Altschuldner und Übernehmer vereinbaren lediglich das Kausalverhältnis und dann folgt ein **Vertragsangebot an den Gläubiger**, welches dieser durch Genehmigung annimmt.
  - *Wiederum andere* nehmen ein **dreiseitiges Rechtsgeschäft** an.
  - In der Regel kann der Streit dahinstehen. Denn selbst im Fall einer Anfechtung des Übernehmers wegen arglistiger Täuschung gegenüber dem richtigen Anfechtungsgegner (§ 143 II BGB => M1: Altschuldner, M2: Gläubiger) ist § 123 II 1 BGB einmal *direkt* (M2) und einmal *analog* (M1) anzuwenden. Denn das Vertrauen des Gläubigers in die Wirksamkeit der Übernahme ist immer gleich schützenswert, so dass diese Frage nicht von der zufällig gewählten Konstruktion abhängen darf.

Fundstelle

Grigoleit/Herresthal, Jura 2002, 393 (395)

76 Einfluss von Haftungsbeschränkungen bei §§ 421 ff. BGB (gestörte Gesamtschuld)

P
§ 426
Rn 14 ff.

Ausgangspunkt dieses Streitstands ist ein nur für *einen* von mehreren Schädigern/Schuldnern vertraglich vereinbartes oder aufgrund gesetzlicher Anordnung (zB §§ 346 III 1 Nr. 3, 347 I 2, 690, 708, 1359, 1664 I, 2131 BGB, 4 LPartG, 104 f. SGB VII) gegebenes Haftungsprivileg. Dadurch besteht im typischen Klausurfall *nach der schulmäßigen Subsumtion* **gerade keine Gesamtschuld**, weshalb der Terminus „gestörte Gesamtschuld" irreführend ist, aber in der Klausur genannt werden sollte. Umstritten ist,

Streitstand ⇨ **ob das Ergebnis der Subsumtion aus Wertungsgesichtspunkten zu korrigieren ist.**

*Bsp.: Im Folgenden seien **S1** der privilegierte, **S2** der nicht bevorrechtigte Schuldner und **G** der Gläubiger. (Re)Konstruieren Sie sich die drei denkbaren Ansätze in der Klausur nach der Interessenlage: Jede Theorie benachteiligt im Ergebnis einen der drei Beteiligten!*

a) Regressausschlusstheorie

Denkbar ist ein Ausschluss bzw. eine Kürzung des Ausgleichsanspruchs des nicht privilegierten Schuldners S2 gegen S1 (**Lösung zu Lasten von S2**).

Argumente:

- Eine Wertungskorrektur der gesetzlichen Ausgangslage (d.h. keine Gesamtschuld) ist nicht erforderlich. Es ist ja für S2 rein zufällig, ob S1 haftungsprivilegiert oder etwa deliktsunfähig (vgl. §§ 828 f. BGB) ist. (Stichwort: ***Vergleich mit Deliktsunfähigkeit***)
- Bejahte man einen Ausgleichsanspruch gegen S1, so wäre dieser bei Alleinverursachung haftungsfrei, bei Mitverursachung aber anteilig ersatzverpflichtet. (Stichwort: ***Vergleich Allein-/Mitverursachung bei S1***)

b) Gesamtschuldfiktionstheorie

Ein fingiertes Gesamtschuldverhältnis führte zu einem Ausgleichsanspruch des S2 gegen S1 gemäß § 426 I BGB und ginge damit **zum Nachteil des S1**.

Argument:

- Ausgleichsvorschriften (zB § 426 I BGB) sollen eine willkürliche Bestimmung der in Anspruch zu nehmenden Person durch den Gläubiger vermeiden. Dieser Zweck würde durch im Voraus bestimmte Haftungsprivilegierungen unterlaufen. Diese dürfen daher nur zwischen den Betroffenen (S1 und G) Wirkung entfalten. (Stichwort: ***kein Vertrag zu Lasten Dritter***)

c) Kreisel-/Anspruchskürzungstheorie

Die in der Lit oft vertretene dritte mögliche Lösung geht **zu Lasten des Gläubigers**. Um die mit einem „Kreisel-Regress" (S2 bei S1, dann S1 bei G) verbundenen Probleme des Insolvenzrisikos und Prozessaufwands zu vermeiden, wird der Anspruch des G gegen S2 von vorneherein gekürzt.

Argument:

- Das Ergebnis muss gerechterweise zu Lasten des Gläubigers gehen. Schließlich hat er die Haftungsprivilegierung privatautonom vereinbart bzw. entspricht dies (bei den gesetzlichen Privilegierungen) gerade der Wertung des Gesetzgebers, die einen gerechten Interessenausgleich enthält und verallgemeinert, was die Parteien ohnehin vereinbart hätten.

Hinweise

- **Die Rspr. ist uneinheitlich**: Bei **vertraglicher** Haftungsprivilegierung folgt sie dem (hier) *zweiten* Ansatz [dabei ist die Abrede aber wie bei § 423 BGB genau auszulegen]. Im Fall der **gesetzlichen** Privilegierungen differenziert sie nach dem jeweiligen Schutzzweck der gesetzlichen Regelung, zB:
  - Schutzzweck von **§ 1664 I BGB** sei die Sicherung des Familienfriedens. Weil im engsten Privatbereich keine ununterbrochene Anwendung der im Verkehr erforderlichen Sorgfalt erwartet werden kann, folgt sie hier dem *ersten Ansatz* (zu Lasten von S2).
  - Für **§ 1359 BGB** folgt sie der (*zweiten*) Fiktionslösung zulasten von S1.
  - **§§ 104 f. SGB VII** sieht sie vor dem Hintergrund, dass der Arbeitgeber die Privilegierung in der Regel durch Versicherungsbeiträge erkauft hat und folgt daher der (hier) *dritten Ansicht*.
  - Für den Bereich des **Straßenverkehrs** umgeht die Rspr. das Problem dadurch, dass dort nach § 1 StVO kein Raum für individuelle Sorglosigkeit sei. Logische Folge ist aber Unwirksamkeit jedes Haftungsverzichts.
- Neuerdings wird vorgeschlagen, dass sich § 426 I BGB auf die Zeit *vor* Befriedigung des Gläubigers beschränkt. Dadurch konzentriert sich alles auf das Rechtsverhältnis zwischen G und S2 (vgl. *Stamm* NJW 2004, 811).

Fundstelle: MünchKomm/*Bydlinski* (2012), § 426 Rn. 7-11

Stichwortverzeichnis